Kunzang Jyoti

99 buddhistische Kurzgeschichten

Weisheiten und Inspirationen
für mehr Freude, Achtsamkeit und
ein glückliches Leben

SELLBERG Verlag

Copyright © 2023 SELLBERG
Alle Rechte vorbehalten.

1. Auflage 2023
ISBN: 978-3-910851-05-4

Dieses Werk ist urheberrechtlich geschützt. Jede Verwendung, die über den Rahmen des Zitatrechtes bei korrekter und vollständiger Quellenangabe hinausgeht, ist honorarpflichtig und bedarf der schriftlichen Genehmigung des Verlages.

SELLBERG Verlag
Spiekermannstraße 30
13189 Berlin
info@sellberg.de

Umschlaggestaltung, Grafik, Satz:
SCHWAHN Büro für Gestaltung, München
florian@schwahn-gestaltung.de

Willkommen, schöne Seele!

Sehnst du dich nach mehr Glück und Lebensfreude? Nach Zufriedenheit und Balance? Nach neuen Lösungen für die Unwegsamkeit im Leben? Dann lade ich dich ein: Gönn dir einen Kurzurlaub auf der Couch, einer Sonnenliege oder einem anderen deiner Lieblingsorte und lies dich glücklich. Geh auf die wichtigste Reise deines Lebens: zu dir selbst!

Die »99 buddhistischen Kurzgeschichten« möchten dich inspirieren, dein wahres Wesen zu entdecken und zu tieferer Selbsterkenntnis zu finden. Dieses Buch lädt dich liebevoll und auf seine ganz besondere Art ein, dich selbst zu hinterfragen und dein Bewusstsein zu erweitern. So kannst du durch Reflexion neue Sichtweisen zu unterschiedlichsten Lebenssituationen erlangen und schneller die für dich passenden Antworten finden. Aus dir selbst erschaffst du so ein stabiles Fundament für mehr inneren Frieden und Erfüllung.

Die Philosophie des Buddhismus ist sanft, offen, tiefgründig, zeitlos und wahrhaftig. Du musst keine Expertin und kein Experte sein, um die tiefen Wahrheiten hinter den kurzen Geschichten zu verstehen. Alle 99 der zauberhaften Erzählungen sind neu verfasst und machen buddhistische Werte wie zum Beispiel Achtsamkeit, Nächsten- oder Selbstliebe anschaulich und greifbar, ohne zu belehren. Öffne dein Herz und lass diese Weisheiten auch dein Leben bereichern.

Jede Geschichte ist in sich abgeschlossen und liest sich zügig. Ihre Wirkungen jedoch sind nachhaltig, denn sie regen dich sofort zum Nachdenken an. Zu manchen findest du vielleicht auch erst später Zugang. Es lohnt sich deshalb, die »99 buddhistischen Geschichten« ganz nach deinem eigenen Gusto zu lesen: nacheinander und einzeln – zum Beispiel in einem täglichen Morgenritual – intuitiv blätternd, oder alle hintereinander weg – und dann wieder von vorn. Denn auch beim mehrmaligen Lesen können sich dir immer wieder neue Wahrheiten offenbaren, die du zuvor vielleicht nicht bemerkt hast.

Von Herzen viel Freude, Inspiration und bewegende Erkenntnisse auf deiner Reise zu dir selbst!

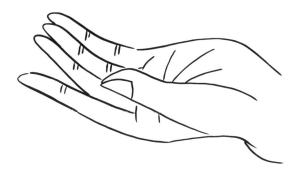

P. S.: Wenn du noch tiefer gehen möchtest, findest du in dem Buch »Dein 5 Minuten Buddha – Mehr Achtsamkeit und Glück im Alltag mit 365 inspirierenden Weisheiten, Übungen und Kurzgeschichten« neben weiteren zeitlosen Erzählungen zusätzlich noch kostbare, leicht nachvollziehbare Übungen sowie berührende buddhistische Weisheiten, die dich jeden Tag ein Jahr deines Lebens begleiten, sodass du deine Herzenstüren nachhaltig für mehr Gelassenheit, Glück und Freude öffnen kannst.

INHALT

Das Herzensfeuer 11
Die Fülle des Augenblicks 12
Das Dorf 13
Die verstrickte Spinne 14
Werde wie die Katze 15
Von der Raupe zum Schmetterling 16
Der lachende Mönch 17
Die Saat im Schatten der Bäume 18
Die grüne Oase der Geduld 19
Das ewige Strahlen 20
Der junge Mann und der alte Mönch 21
Die Weisheit des Kindes 22
Der Genuss von Umwegen 23
Die Einsamkeit des Mönchs 24
Die Kraft der Stille 25
Wandel als Chance 26
Der Fischer und der Buddha 27
Über den Sinn von Schmerz 28
Der innere Fokus 29
Der Schlüssel zur Befreiung 30
Wut ist kein guter Berater 31
Vom Umgang mit Stress 32
Die Energie folgt deiner Aufmerksamkeit 33
Das Geschenk der Annahme 34
Der Wert von Wissen und Weisheit 35
Die Klarheit des Geistes 36
Der Bogenschütze 37
Die Essenz der Seele 38
Die stille Kraft 39
Der Körper ist dein Tempel 40
Die wilden Wasser der Wut 41

Die Vergänglichkeit der Blätter ... 42
Die Sonne ist wie dein Leben ... 43
Über die Liebe ... 44
Die Schildkröte ... 45
Dankbarkeit, der Schlüssel zum Glück ... 46
Das Boot auf dem Ozean ... 47
So wirst du bärenstark ... 48
Die Maus im Zimmer ... 49
Das Ego ist eine Wolke ... 50
Die geheime Zutat ... 51
Der Mutvogel ... 52
Der Sinn eines spartanischen Lebens ... 53
Es ist deine Entscheidung ... 54
Die Unglücksvase ... 55
Sei wie ein Baum ... 56
Der Spiegel ... 57
Begegnungen am Wegesrand ... 58
Was ist Liebe? ... 59
Werde wie ein Kind ... 60
Das faule Faultier ... 61
Die Seesterne und der feine Unterschied ... 62
Im Garten der Einzigartigkeit ... 63
Der Hund im Fluss ... 64
Vom tiefen Zuhören ... 65
Der Baum und die Erleuchtung ... 66
Der Bambus der Hoffnung ... 67
Liebe ist eine Sehnsucht ... 68
Verschwende dich ... 69
Der Tanz des Lebens ... 70
Die Weichheit des Fließens ... 71
Die Opfergabe ... 72
Einladung zum Tee ... 73
Starke Wurzeln ... 74
Der innere Kompass ... 75

Der goldene Käfig	76
Sei einverstanden mit Dir	77
Der außergewöhnliche Wachhund	78
Die große Sehnsucht	79
Die Sonne und die Wahrheit	80
Von der inneren Schönheit	81
Die Lektion des Mandalas	82
Die vielen Pfade	83
Abneigung als Chance	84
Das Lächeln des Schmetterlings	85
Die Ameise und die Schlange	86
Wer wagt, gewinnt	87
Die Glückskatze	88
Atmen für inneren Frieden	89
Wahrheit und Täuschung	90
Die Butterlampe	91
Die Buddha-Statue	92
Über die buddhistische Gelassenheit	93
Die Pilgerreise	94
Das Lebenslicht	95
Der Löffel und der Diamant	96
Der faule Apfel	97
Der Garten	98
Der rauschende Bach und die Einsamkeit	99
Die einsame Bestie	100
Die Lektion der Fliege	101
Die Schönheit der Lotosblüte	102
Die wundersame Reisschale	103
Die Fackel in der Dunkelheit	104
Die andere Schnecke	105
Liebevolle Grenzen	106
Das Strahlen der Sterne	107
Die Katze und der Buddha	108
Entdecke deine Kraft	109

Das Herzensfeuer

Auf der Suche nach Erleuchtung traf der Novize Samir den weisen Mönch Ajahn. »Erzähle mir etwas über das Herzensfeuer«, bat er den Weisen. Davon hatte er einiges gehört, wusste aber nicht viel damit anzufangen. »Hast du jemals ein Feuer entfacht?«, fragte der Weise. »Ja, Meister«, antwortete Samir. »Ich habe viele Male Feuer gemacht, um mich warmzuhalten oder mein Essen zu kochen.« Ajahn nickte zustimmend und sagte: »Genauso wie du ein Feuer im Äußeren entzünden kannst, hast du auch ein Herzensfeuer in dir. Es ist die Flamme deiner Leidenschaft, deiner Liebe und deiner Hingabe.«

Samir fragte: »Aber wie kann ich mein Herzensfeuer entzünden?« Der Meister antwortete: »Indem du dich auf das konzentrierst, was dir am meisten am Herzen liegt. Wenn du deine Leidenschaft und Liebe auf etwas ausrichtest, wird dein Herzensfeuer brennen.« Samir schwieg einen Augenblick und ließ die Worte des Meisters tief in sich einsinken. Wunderschön klangen sie. Doch plötzlich kräuselte sich Samirs Stirn voller Sorgen: »Und was passiert«, fragte er, »wenn mein Herzensfeuer erlischt?« Ajahn lächelte sanft: »Wenn dein Herzensfeuer erlischt, musst du dich nur an die Liebe und Leidenschaft erinnern, die es einst entfacht haben und dein Herz dafür wieder öffnen. Nähre dein Herzensfeuer jeden Tag und es wird nie erlöschen.«

Die Fülle des Augenblicks

Sujata liebte den Wald. Er wollte ihn unbedingt seinem Meister zeigen und eines Tages ging der junge Mönch mit ihm dort spazieren. Unter einem Baum voller grüner Blätter setzten sie sich und meditierten. Als Sujata seine Augen wieder öffnete, bemerkte er, dass einige Blätter bereits gelb und welk geworden waren. Er fragte: »Meister, warum werden die Blätter dieses Baumes welk und sterben ab, obwohl sie eben noch so grün und voller Leben waren?« »Das ist die Natur der Dinge«, antwortete er. »Alles in dieser Welt ist vergänglich. Die Blätter werden geboren, wachsen, altern und schließlich sterben sie ab. So ist es mit allen Dingen im Leben, einschließlich uns selbst.«

Sujata dachte einen Moment nach. »Aber Meister, wenn alles vergänglich ist, was ist dann der Sinn des Lebens?« »Der Sinn des Lebens, mein Sohn, liegt nicht im Erreichen eines Ziels, sondern im Erleben des gegenwärtigen Augenblicks. Wenn wir das Leben in jedem Augenblick vollständig erfahren und genießen, dann leben wir ein erfülltes Leben.« Sujata betrachtete die Blätter und dachte über die Worte seines Meisters nach.

Plötzlich fiel ein Blatt vom Baum und landete auf Sujatas Schoß. Er betrachtete es und sagte: »Auch dieses Blatt wird sterben, aber in diesem Moment ist es so schön und perfekt, wie es sein kann. Der Wert des gegenwärtigen Augenblicks ist einzigartig. Lass uns das Leben in seiner ganzen Fülle jetzt leben.«

Das Dorf

In dem kleinen Dorf hinter den Hügeln war der Ton sehr rau. Die Menschen sprachen oft laut und grob, und es war selten, dass sie sich liebevolle Worte sagten. Eines Tages wanderte ein Fremder durch den Ort und begann, freundlich und nett mit den Einwohnern zu sprechen. Seine Worte waren sanft und er sprach jedem Einzelnen von ihnen seine Anerkennung und Wertschätzung aus.

Die Bewohner waren zuerst misstrauisch gegenüber dem Fremden und seinen freundlichen Worten. Aber nach und nach begannen sie zu merken, wie wohltuend es war, liebevoll angesprochen zu werden. Sie fingen schließlich an, sich gegenseitig mit mehr Respekt und Zuneigung zu behandeln und ihre Worte bewusster auszuwählen. Eines Tages begegnete der Fremde einem jungen Mann, der immer besonders grob und unhöflich zu den anderen Dorfbewohnern war. Der Fremde sprach ihn liebevoll an und sagte: »Ich kann spüren, dass du eine Menge Schmerz in dir trägst. Aber ich weiß auch, dass du ein gutes Herz hast. Versuche doch einmal, deine Worte bewusster auszuwählen und lass deine Liebe für die anderen Menschen durchscheinen.« Der junge Mann reagierte zunächst böse, wurde dann unsicher und schließlich neugierig: Warum nicht den Rat des Fremden einmal ausprobieren? Er begann, sich bewusst für liebevolle Worte zu entscheiden und sich von seiner harten Schale zu lösen. Nach und nach veränderte er sich und wurde zu einem der freundlichsten Menschen im Dorf.

Die anderen Dorfbewohner sahen die Veränderung des jungen Mannes und bemerkten, wie viel Freude und Frieden er durch seine Worte verbreitete. Auch die letzten Grantler im Ort beschlossen, es ihm gleichzutun und begannen, bewusst liebevoller miteinander zu sprechen. So wurde aus einem rauen und unhöflichen Dorf ein Ort voller Wärme und Liebe, in dem jeder Einzelne seinen Mitmenschen mit Respekt und Zuneigung begegnete.

Die verstrickte Spinne

Der Mönch Tabor entdeckte eines Tages eine Spinne in seinem Zimmer, die in ihrem eigenen Netz gefangen war. Tabor wollte ihr helfen, aber er wusste nicht, wie er das Netz öffnen sollte. Hilflos beobachtete er das Tier, das sich in seiner Verzweiflung immer tiefer in das Netz verstrickte. Schließlich beschloss er, einen anderen Mönch namens Lama Zopa um Hilfe zu bitten.

Lama Zopa kam ins Zimmer und sah die verzweifelte Spinne. Er sagte: »Du musst lernen, die Natur der Dinge zu verstehen, um anderen helfen zu können.« Lama Zopa sah, dass die Spinne in ihrem Netz gefangen war, weil sie sich zu sehr an ihre Beute klammerte. Er erklärte Tabor: »Sie wird befreit sein, wenn sie loslässt. Wenn sie ihre Beute freigibt, wird auch sie sich aus dem Netz befreien können.« Tabor verstand den Rat des Lama Zopa und erkannte, dass er selbst auch an vielem in seinem Leben festhielt. Er dachte an all die Dinge, die er nicht loslassen konnte und sah, dass sie ihn genauso gefangen hielten wie die Beute die Spinne im Netz. Er schloss die Augen, atmete tief ein und konzentrierte sich darauf loszulassen. Als er seine Augen öffnete, sah er, wie die Spinne sich aus dem Netz befreite und davon krabbelte. Er fühlte eine tiefe Erleichterung und Dankbarkeit und wusste, dass er in diesem Moment nicht nur das Tier gerettet hatte, sondern auch sich selbst.

Lama Zopa lächelte zufrieden und sagte: »Wenn du lernst loszulassen, wirst du viele Dinge und dich selbst in deinem Leben befreien können. Und nicht nur das: Du wirst in der Lage sein, anderen zu helfen, ihre Fesseln auch abzulegen.«

Werde wie die Katze

Als ich noch ein junger Mönch war, hatte ich hohe Erwartungen an mein spirituelles Leben. Ich dachte, dass ich mit jedem Tag immer mehr Erleuchtung erreichen würde, dass ich die Welt um mich herum verändern könnte und dass ich der beste Schüler meines Meisters sein werde. Ich war so von diesen Erwartungen besessen, dass ich nicht bemerkte, wie ich mich von der Gegenwart und der Realität entfernte.

Eines Tages erzählte mir mein Meister eine Geschichte: »Ein Mann ging zu einem Weisen und fragte ihn: ›Ich möchte so sein wie du. Wie kann ich so werden?‹ Der Weise antwortete: ›Werde wie die Katze.‹ Der Mann war verwirrt und fragte: ›Wie soll ich wie eine Katze werden?‹ Der Weise antwortete: ›Wenn die Katze hungrig ist, isst sie. Wenn sie müde ist, schläft sie. Wenn sie spielt, spielt sie. Sie lebt im Moment und akzeptiert die Dinge so, wie sie sind. Wenn du wie eine Katze wirst, wirst du das Leben in seiner Reinheit und Schönheit erfahren.‹«

Als ich diese Geschichte hörte, erkannte ich, dass ich wie der Mann war, der den Weisen fragte, wie er sein sollte. Ich hatte falsche Erwartungen und versuchte, etwas zu erreichen, das nicht existierte. Im Moment lebte ich nie und akzeptierte das Leben auch nicht so, wie es war. Meine Erwartungen entfernten mich stattdessen immer weiter von der Wahrheit. Voller Dankbarkeit für diese Erkenntnis entschied ich mich, wie eine Katze zu werden: Ich aß, wenn ich hungrig war, schlief, wenn ich müde war und lebte im Moment. Und das Leben wurde einfacher und klarer für mich.

Seitdem lebe ich im Hier und Jetzt und akzeptiere das Leben so, wie es ist. Und das ist mein Weg zur Erleuchtung.

Von der Raupe zum Schmetterling

Sherap fühlte sich oft als Opfer der Umstände: Als hätte er das Pech gepachtet, war in seinen Augen immer er es, der verlor, dem etwas gestohlen wurde oder der Schaden nahm, wenn ein Unheil geschah. Er war fest davon überzeugt, dass das Leben ihm einfach keine Chance gab. Er war so verzweifelt darüber, dass er den Mönch Sidu um Rat fragte.

»Ich werde dir dazu eine Geschichte erzählen, lieber Sherap«, sagte der Mönch und begann: »Ein Mann ging einmal durch einen Wald und sah eine Raupe, die in ihrem Kokon kämpfte. Er hatte Mitleid und wollte ihr helfen. Er schnitt den Kokon auf und die Raupe kam heraus. Doch sie konnte ihre Flügel nicht ausbreiten und wegfliegen. Stattdessen verkümmerte sie und starb bald darauf.« Sherap war verwirrt und verstand nicht. »Was hat eine Raupe, die nicht aus ihrem Kokon kommt, mit meinem Leid zu tun?«, wollte er wissen und fühlte sich wieder einmal missverstanden. »Hör weiter zu, Sherap«, sagte der Mönch. »Die Raupe braucht den Kampf in dem Kokon, um ihre Flügel zu stärken. Ohne diese Anstrengung wird sie kein Schmetterling, der fliegen kann. Genauso brauchen wir Menschen, ja, brauchst auch du, Sherap, Herausforderungen und Schwierigkeiten im Leben, um zu wachsen und zu lernen. Wenn du immer nur in der Opferrolle bleibst und dich selbst bemitleidest, nicht die Verantwortung übernimmst und stattdessen auf permanente Hilfe von außen hoffst, wirst du nie deine Flügel ausbreiten können und dein volles Potenzial erreichen.«

Jetzt verstand Sherap! Ab sofort wollte er sein Leben aktiv in die Hand nehmen. Er erkannte, dass er nicht länger das Opfer seiner Umstände sein musste und begann, seine Schwierigkeiten als Chancen zu sehen, um zu wachsen und zu lernen. Flügel sollten ihm wachsen!

Der lachende Mönch

Ananda nahm sich und das Leben sehr ernst. Er war überzeugt, dass spirituelles Wachstum nur durch ständige Meditation und stille Kontemplation erreicht werden konnte. Das Leben des Mönchs war geprägt von Disziplin und Entbehrungen.

Eines Tages traf Ananda einen anderen Mönch namens Kim, der für sein ansteckendes Lachen und seine gute Laune bekannt war. Ananda beobachtete Kim und dachte: »Wie kann er so viel lachen und trotzdem ein guter Mönch sein? Das ist doch kindisch.« Er ärgerte sich richtig über das ewig breite Grinsen von Kim und stellte ihn eines Tages zur Rede: »Ich verstehe nicht, wie du so viel lachen kannst und trotzdem ein guter Mönch sein willst«, sagte er. Kim lachte und antwortete: »Lachen ist genauso wichtig wie Meditation. Es gibt uns eine Pause von unseren ernsthaften Gedanken und öffnet unser Herz für Freude und Glück.« Ananda dachte über Kims Worte nach. So hatte er es noch nicht gesehen. Er wollte das selbst ausprobieren. Also begann er, bewusst nach Dingen zu suchen, über die er lachen konnte. Am Anfang fiel es ihm schwer, aber nach einer Weile entdeckte er, dass es ihm gut tat, auch mal über sich selbst und seine Fehler zu lachen.

Eines Tages trafen sich Ananda und Kim wieder. »Danke, dass du mich gelehrt hast, zu lachen«, sagte Ananda. »Ich habe gemerkt, dass es mich nicht von meiner spirituellen Praxis abhält, sondern sie sogar unterstützt. Es hilft mir, meine Gedanken zu klären und mein Herz zu öffnen – ich bin ein viel glücklicherer Mönch.« Kim lächelte und sagte: »Lachen ist eine Form der Meditation. Es hilft uns, im Hier und Jetzt zu sein und uns auf das Wesentliche zu konzentrieren. Wenn wir lachen, sind wir glücklich. Und wenn wir glücklich sind, können wir anderen helfen, auch glücklich zu sein.«

Die Saat im Schatten der Bäume

Ravi war ein fleißiger Klosterschüler. Täglich übte er sich in Meditation und spirituellen Praktiken. Eines Tages bemerkte er, dass sein Mitbruder Bhante mehr Aufmerksamkeit von ihrem Lehrer und schließlich sogar eine höhere Position im Kloster erhielt. Ravi war voller Neid und fragte sich, warum er nicht die gleiche Belohnung erhalten hatte. Es ließ ihm keine Ruhe und so suchte er eines Tages seinen Lehrer auf. »Ehrwürdiger Lehrer, warum hat Bhante eine höhere Position im Kloster erhalten, obwohl ich genauso fleißig bin wie er?«, fragte er. »Ravi«, antwortete der Lehrer, »du bist wie ein Samenkorn, das im Schatten eines großen Baumes wächst. Der Baum kann momentan noch größer sein als das Samenkorn, aber es braucht nur Zeit und Geduld, bis das Samenkorn seine eigene Schönheit und Stärke entfaltet. Genauso braucht es Zeit und Geduld, um deine eigenen Talente und Fähigkeiten zu entfalten. Konzentriere dich auf deine eigenen Praktiken und lasse den Neid los.«

Ravi dachte über die Worte des Lehrers nach und beruhigte sich. Er erkannte, dass er seinen eigenen Weg in seinem Tempo gehen musste. Von diesem Tag an arbeitete Ravi fleißig an sich selbst und konzentrierte sich darauf, seine eigenen Talente zu entfalten.

Jahre später war Ravi selbst ein weiser Mönch geworden, der von vielen Menschen bewundert wurde. Eines Tages sagte er zu einem jungen Schüler, der mit dem gleichen Neid kämpfte, wie er einst: »Lass uns wie ein Samenkorn sein, das im Schatten eines großen Baumes wächst. Lass uns geduldig und aufmerksam sein und uns auf unsere eigenen Fähigkeiten konzentrieren. Nur so können wir unser volles Potenzial entfalten und ein glückliches Leben führen.«

Die grüne Oase der Geduld

Der junge Mönch Tamal ging jeden Morgen in den Wald, um dort meditierend seine Zeit zu verbringen. Eines Tages fand er einen wunderschönen Ort am Fluss, der von hohen Bäumen umgeben war. Er fühlte sich von diesem Ort angezogen und beschloss, an diesem Platz eine kleine Hütte zu bauen, um dort in Zukunft seine Meditationspraxis zu vertiefen. Als er mit dem Bau seiner Hütte begann, fiel ihm auf, dass der Boden trocken und unfruchtbar war. Der Meinung, dass dies ein großes Hindernis für sein Vorhaben sei, beschloss er, etwas dagegen zu tun: Jeden Tag holte er Wasser aus dem Fluss und bewässerte den Boden. Er legte Samen aus, um Pflanzen zu züchten, die den Boden nährten. Doch trotz all seiner Bemühungen blieb die Erde trocken und die Samen gingen nicht auf.

Eines Tages traf er einen anderen Mönch namens Namgyal, der ebenfalls im Wald meditierte. Tamal erzählte ihm von seinem Problem und bat um Rat. Namgyal lächelte und sagte: »Versuche es mit Geduld, mein Freund. Samen brauchen Zeit, um zu keimen und zu wachsen. Das Wichtigste ist, dass du jeden Tag weitermachst und nicht aufgibst.« Tamal folgte dem Rat und jeden Tag goss er Wasser auf den Boden und legte Samen aus. Nach einiger Zeit keimten die Samen und Pflanzen wuchsen. Der Boden wurde fruchtbarer und Tamals Hütte war von einer grünen Oase umgeben.

Eines Tages fragte ihn ein Schüler, wie er es geschafft hatte, den Boden so fruchtbar zu machen. Tamal antwortete: »Ich habe Samen gelegt und Geduld gehabt. Das ist das Geheimnis des Lebens. Wenn wir Geduld haben und jeden Tag unser Bestes geben, können wir alles erreichen.«

Das ewige Strahlen

Amal lebte glücklich und zufrieden in einem kleinen Dorf in Tibet. Mit seiner Familie war er sehr eng, vor allem sein Vater war ihm ein wichtiger Halt. Eines Tages erkrankte der Vater schwer und verstarb kurz darauf. Der junge Mann war am Boden zerstört und konnte nicht fassen, dass sein geliebter Vater nicht mehr bei ihm war. In seiner Verzweiflung ging er in die Berge, um den weisen Mönch um einen Rat zu fragen, wie er mit seiner Trauer und dem Verlust umgehen könne.

Der Mönch sah Amal voller Mitgefühl an, nachdem er geendet hatte. Dann sagte er: »Lass mich dir eine Geschichte erzählen: Es war einmal ein Mann, der einen kostbaren Edelstein besaß. Eines Tages fiel dieser Edelstein in einen tiefen Brunnen. Der Mann war sehr traurig und verzweifelt, weil er den Edelstein verloren hatte. Doch als er tiefer in den Brunnen schaute, sah er, dass der Edelstein das Wasser zum Strahlen brachte und durch ihn etwas Wunderschönes entstanden war.« Amal sah den Mönch fragend an und fuhr fort: »Genau wie der verlorene Edelstein, ist auch dein Vater nicht wirklich weg. Er lebt in deinem Herzen und hat Spuren in deinem Leben hinterlassen. Wenn du dich an ihn erinnerst und seine Weisheit und Liebe in dir trägst, wird er immer bei dir sein und deine Seele zum Strahlen bringen.«

Amal verstand. Er fühlte, wie gut ihm die Worte taten und ihn trösteten. Er würde es schaffen, seinen Schmerz als etwas zu sehen, das ihm hilft, stärker und weiser zu werden. »Danke«, sagte Amal mit einem zaghaften Lächeln. »Ich werde immer an die Geschichte vom Edelstein denken und dann wissen, dass mein Vater immer bei mir ist.«

Der junge Mann und der alte Mönch

Jivaka war bekannt dafür, dass er eine tiefe Verachtung für Menschen hegte, die nicht seinen Erwartungen entsprachen. Er dachte, dass nur diejenigen, die so wie er waren, als wertvolle Mitglieder der Gesellschaft gelten könnten. Eines Tages begegnete der junge Mann einem alten Mönch namens Phurbu. Phurbu war ein sehr einfacher Mann, der nichts besaß, außer seiner Robe und einer Schale für Almosen. Jivaka sah ihn und dachte: »Was für ein nutzloser Mann. Er trägt alte, zerfetzte Kleidung und bettelt um sein Essen. Wie kann er je etwas Wertvolles zur Gesellschaft beitragen?«

Aber Phurbu lächelte Jivaka an und sagte: »Guten Tag, mein junger Freund. Wie geht es dir heute?« Jivaka war überrascht, dass Phurbu ihn so freundlich begrüßte, und begann, mit ihm zu sprechen. Während ihres Gesprächs bemerkte Jivaka, dass Phurbu sehr weise war und über eine tiefe spirituelle Erfahrung verfügte. Am Ende ihres Gesprächs sagte Phurbu: »Jivaka, ich danke dir für diese Unterhaltung. Ich hoffe, dass wir uns bald wiedersehen werden.« Jivaka war tief bewegt von Phurbus Freundlichkeit und Weisheit. Er erkannte, dass er falsch lag, indem er Phurbu verachtet hatte und beschloss, seine Einstellung zu ändern.

Von diesem Tag an begann Jivaka, sich auf die Gemeinsamkeiten zwischen sich und anderen zu konzentrieren, anstatt auf Unterschiede. Er lernte, jeden mit Respekt und Mitgefühl zu behandeln und erkannte, dass Verachtung nur eine Illusion war, die ihn von anderen trennte. So wurde Jivaka ein weiser und liebevoller Mann, der anderen half, ihr eigenes Potenzial zu erkennen und ihr Leben zu verbessern. Und er wusste, dass dies alles nur möglich war, weil er seine Verachtung überwunden hatte.

Die Weisheit des Kindes

Es war einmal ein kleines Baby, das gerade in diese Welt gekommen war. Es war aufgeregt, voller Freude und sehr neugierig auf alles, was es umgab. Das Kind wurde größer und beobachtete die Menschen genau. Als es sah, wie sie miteinander umgingen, wurde es traurig und verwirrt. »Warum sind die Menschen so gemein zueinander?«, fragte das Kleinkind seine Mutter. »Sie haben Angst und sind unsicher«, antwortete die Mutter liebevoll. »Manchmal vergessen sie, dass wir alle miteinander verbunden sind.« »Verbunden?«, fragte das Baby. »Ja, wir sind alle Teil derselben Familie, derselben Gemeinschaft. Wir alle brauchen Liebe und Fürsorge, um zu wachsen und uns zu entwickeln«, erklärte die Mutter. Das Kind dachte nach. Es sah, wie die anderen Menschen immer noch unfreundlich zueinander waren und es beschloss, etwas zu tun: Es begann, jedem einfach zuzulächeln und freundlich zu sein, auch wenn es nicht immer leicht war.

Eines Tages hörte das Kind, wie zwei Menschen sich stritten und einander verletzten. Es wusste, dass es etwas unternehmen wollte. Es ging zu ihnen und sagte: »Bitte hört auf zu streiten. Wir sind alle miteinander verbunden und brauchen Liebe, um glücklich zu sein.« Die beiden Menschen sahen das kleine Kind erstaunt an und waren auf einmal voller Scham über ihren Streit. Sie fühlten, dass sie sich umarmen und versöhnen sollten. Das Kind lächelte, denn es hatte etwas bewirkt. Es hatte gezeigt, dass selbst ein kleiner Mensch etwas bewegen und die Welt zum Besseren verändern kann.

Der Genuss von Umwegen

Der Novize Suri wollte auf einer Pilgerreise der Weisheit und Erleuchtung näherkommen. Der Abt gab ihm den Segen und sagte: »Möge dein Weg zu dir führen, Suri. Mögest du die Wunder und die Schönheit auf deiner Reise genießen und das Ziel finden, das du suchst.«

Suri wanderte durch Wälder und Berge, besuchte heilige Stätten und traf andere Pilger. Er bemerkte, dass er ständig auf Umwegen landete. Manchmal verlor er die Orientierung und musste einen längeren Pfad in Kauf nehmen, oder er traf auf Menschen, die ihn von seiner ursprünglichen Strecke wegführten.

Eines Tages traf er einen alten Mann, der ihn fragte: »Wohin gehst du, junger Mönch?« Suri antwortete: »Ich bin auf der Suche nach Weisheit und Erleuchtung, aber ständig komme ich vom Weg ab und mache unnötige Umwege.« Der alte Mann lächelte und sagte: »Mein junger Freund, du bist bereits auf dem direkten Pfad zur Erleuchtung. Denn auf diesem gibt es keine Umwege oder Abkürzungen. Jeder Schritt, den du machst, ist ein Teil davon, und jeder Moment, den du erlebst, ist ein Geschenk.« Suri staunte und war auf einmal ganz erleichtert. Jetzt konnte er seine Reise in vollen Zügen genießen. Er begann die Schönheit der Natur um sich herum zu schätzen und die Begegnungen mit anderen Pilgern als Chance zu sehen, um zu lernen und zu wachsen. Jeder Umweg, den er nahm, führte ihn zu neuen Erkenntnissen und Erfahrungen, das hatte er nun verstanden. Als er schließlich zu seinem Kloster zurückkehrte, war er verändert. Er hatte eine tiefere Einsicht in den Weg gefunden und verstand, dass es nicht darum geht, das Ziel so schnell wie möglich zu erreichen, sondern die Reise zu genießen und jeden Moment zu schätzen. Als er dem Abt von seinen Erfahrungen erzählte, lächelte der und sagte: »Das ist der Weg des Buddha, Suri. Der Genuss von Umwegen, um schließlich das Ziel zu erreichen.«

Die Einsamkeit des Mönchs

Es war einmal ein Mönch, der seit vielen Jahren in einem abgelegenen Tempel in den Bergen lebte. Obwohl er ein Leben voller Hingabe und Disziplin führte, fühlte er sich oft einsam. Eines Tages ging er in die nahe gelegene Stadt, um etwas Gesellschaft zu suchen. Er wanderte durch die belebten Straßen und beobachtete die Menschen, die eilig an ihm vorbeigingen. Niemand schien ihn zu bemerken oder zu grüßen. Enttäuscht und traurig kehrte er zum Tempel zurück.

Dort traf er einen anderen Mönch, der ihn fragte, warum er so traurig aussah. Der einsame Mönch antwortete: »Ich war in der Stadt, aber niemand hat mich beachtet oder gegrüßt. Ich fühle mich so allein.« Der andere Mönch antwortete: »Ich verrate dir ein Geheimnis: Wenn du jemandem Gutes tust, wirst du nie einsam sein. Geh zurück in die Stadt und tue etwas Gutes für jemanden.« Der einsame Mönch folgte dem Rat. In der Stadt traf er einen alten Mann, der Schwierigkeiten hatte, seine Einkaufstaschen zu tragen. Der Mönch bot ihm an, ihm zu helfen und trug die Taschen zum Haus des Mannes. Voller Dankbarkeit lud der Alte den Mönch zum Tee ein. Während sie ihr heißes Getränk genossen, erzählte der Mann von seinen Sorgen und Ängsten. Der Mönch hörte zu und gab ihm Weisheit und Trost.

Im Tempel zurückgekehrt, fühlte sich der Mönch erfüllt und glücklich. Der andere Mönch fragte ihn, wie es ihm in der Stadt ergangen sei. »Ich habe einem Mann geholfen, seine Einkäufe zu tragen und ihm zugehört«, sagte der Mönch. »Und plötzlich fühlte ich mich nicht mehr einsam. Ich habe entdeckt, dass die wahre Freude darin liegt, anderen Gutes zu tun.« Der andere Mönch lächelte und sagte: »Das ist das Geheimnis, das ich dir verraten wollte. Wenn du anderen Gutes tust, wirst du nie allein sein.«

Die Kraft der Stille

Mipam war gelangweilt von seinem Leben. Er hatte eine Hütte in den Bergen, die er bewirtschaftete. Seine nächsten Nachbarn wohnten zwei Täler entfernt und so verbrachte er Tage und Nächte allein mit seiner Herde, dem Hund und der wilden Natur. Manchmal war es so still, dass man eine Stecknadel hätte fallen hören können. Mipam war das viel zu ruhig, er sehnte sich nach Abwechslung und Unterhaltung.

Eines Tages wanderte ein Pilger an seiner Hütte vorbei und bat um etwas Wasser. Wissbegierig wollte Mipam alles von der Stadt wissen, aus der der Pilger kam. Der Wanderer erzählte, Mipams Augen leuchteten und seine Sehnsucht nach diesem Trubel wuchs ins Unermessliche. Es schien das Paradies zu sein. »Weißt du«, sagte der Pilger »in der Stadt bekommst du alles, was das Herz scheinbar begehrt. Dort ist es bunt, wild, laut und voller Gerüche. Das Einzige, was du dort in der ganzen Ablenkung niemals findest, bist du selbst. Viele Menschen dort sind verzweifelt. Sie wissen vor lauter Abwechslung nicht, was ihnen fehlt und lenken sich immer mehr ab – ein Teufelskreis.« Mipam horchte auf. »Die Natur und die Stille hier«, fuhr der Pilger fort, »sind unvergleichlich. Sie bieten alles, um das Wichtigste im Leben zu finden: sich selbst.«

Der Pilger machte eine Pause und genoss den heiligen Moment seiner Aussage. »Die Stille ist wie eine Leinwand, auf der du dich selbst beobachten und kennenlernen kannst. Das«, betonte der Wanderer, »ist das eigentliche Paradies. Hier erlangst du den inneren Frieden, nach dem sich jeder Mensch in Wahrheit sehnt. Um ihn zu finden, habe ich mich auf den weiten Weg von der Stadt hierher gemacht und meine Reise könnte nicht aufregender sein.«

Wandel als Chance

Samuel war jung, aber er hatte ein Problem: Mit Veränderungen konnte er nicht gut umgehen. Er liebte es, wenn alles so blieb, wie es war. Das gab ihm Sicherheit. Aber er merkte auch, dass ihn diese Haltung sehr einschränkte. Für sein Studium musste er bald in eine andere Stadt gehen und das würde viele Veränderungen mit sich bringen. Davor hatte er große Angst.

Er wollte sich bei dem weisen Mönch Rat holen. »Ehrwürdiger Meister, wie kann ich die Liebe zum Wandel lernen?«, fragte er. Der Mönch nickte: »Mein Sohn, ich werde dir eine Geschichte erzählen: Es war einmal ein Mann, der in einem schönen Haus mit einem prächtigen Garten lebte. Jeden Tag verbrachte er Stunden damit, ihn zu pflegen und perfekt zu halten. Eines Tages jedoch wurde er krank und konnte sich nicht mehr um die Pflege kümmern. Als er wieder gesund wurde und in seinen Garten zurückkehrte, bemerkte er, dass er nicht mehr so war wie früher. Es gab neue Pflanzen, die er nie zuvor gesehen hatte, und einige alte Gewächse waren verschwunden. Das gefiel ihm: Denn der Garten sah auch ohne seine perfekte Pflege wunderschön aus, barg so manche Überraschung und es gab viel zu entdecken. Anstatt traurig zu sein, erkannte der Mann, dass Wandel und Veränderung natürliche und schöne Sachen sind und neue Chancen bieten.« Samuel dachte nach.

»Aber wie kann ich lernen, den Wandel zu lieben, wenn ich doch so viele Dinge festhalten möchte?« Der Mönch fuhr fort: »Mein Sohn, die Liebe zum Wandel kommt aus der Erkenntnis, dass alles, was existiert, unbeständig ist. Jede Erfahrung, jeder Moment, jede Person wird irgendwann vergehen. Wenn du das tief in dir akzeptierst, wirst du lernen, den Wandel zu lieben und zu umarmen, anstatt dagegen anzukämpfen.«

Der Fischer und der Buddha

Amithaba war Fischer in der fünften Generation. Schon sein Ururgroßvater warf auf dem See seine Netze aus. Doch der junge Mann war frustriert: Trotz harter Arbeit und großer Bemühungen hatte er seit Monaten stets nur einen kleinen Fang gemacht, während die Netze anderer immer üppig voll waren. Entmutigt beschloss er, den Buddha um Rat zu fragen.

Der sagte: »Lerne, dankbar für jeden gefangenen Fisch zu sein und ihn mit Respekt zu behandeln. Sei demütig und dankbar gegenüber der Natur, die dir erlaubt, Fische zu fangen und das Leben zu führen, das du möchtest. Tu dies aber nicht aus purem Eigennutz, um dich daran zu bereichern, sondern fühle die Dankbarkeit auch tief in deinem Herzen. Das ist dein Schlüssel.« Das leuchtete Amithaba ein und er begann, jeden gefangenen Fisch als Geschenk zu betrachten und dafür dankbar zu sein. Er behandelte jeden einzelnen mit Respekt, dankte ihm und sorgte dafür, dass er nicht umsonst starb.

Und schließlich geschah, was der Buddha vorausgesagt hatte: Amithabas Netze füllten sich jeden Tag mehr, er wurde immer erfolgreicher und an Land empfingen ihn regelmäßig die Scharen, um ihm die Fische abzukaufen. Aber der Fischer war nicht nur erfolgreich. Er fühlte sich auch glücklicher und zufriedener, seit sich seine Einstellung zum Leben und zur Arbeit geändert hatte. Er erkannte, dass Dankbarkeit und Respekt eine sehr wichtige Rolle im Miteinander spielen und dass sie ein wichtiger Schlüssel für inneren Frieden und Zufriedenheit sind.

Über den Sinn von Schmerz

Als Tejan neulich durch den Wald lief, stolperte er und fiel auf einen spitzen Stein, der sich tief in seine Handfläche bohrte. Er spürte einen stechenden Schmerz und konnte seine Hand kaum bewegen. Auf dem Weg nach Hause wurde ein älterer Mönch auf ihn und seine blutende Wunde aufmerksam: »Was ist dir passiert?« Tejan antwortete gequält: »Ich bin auf einen Stein gefallen und habe mich verletzt. Es tut sehr weh.«

Der Mönch wollte ihn trösten: »Schmerz ist wie der Regen. Er kommt und geht. Aber während er da ist, können wir etwas daraus lernen. Schließe deine Augen und konzentriere dich auf den Schmerz. Was fühlst du?« Tejan ließ sich ein und schloss die Augen. Er atmete tief und konzentrierte sich auf seine Hand. Er spürte, wie sich der Schmerz langsam veränderte und schwächer wurde. Nach einiger Zeit öffnete er seine Augen und sagte verwundert: »Der Schmerz ist nicht mehr so stark wie zuvor. Aber ich verstehe noch nicht, was ich daraus lernen soll.« Der ältere Mönch antwortete: »Schmerz ist eine Erinnerung daran, dass wir leben. Ohne Schmerz würden wir uns der Schönheit des Lebens nicht bewusst sein. Wir müssen lernen, den Schmerz anzunehmen und ihn als Teil des Lebens zu akzeptieren. So können wir den Frieden in unserem Geist finden.«

Tejan lächelte. Er dankte dem Mönch für das unerwartete Geschenk, das er ihm gemacht hatte. Von diesem Tag an betrachtete er den Schmerz nicht mehr nur als eine Last, sondern auch als eine Chance, tiefer in seine eigene Natur einzutauchen und inneren Frieden zu finden.

Der innere Fokus

Baljin war in einer tiefen Krise. Tag für Tag kämpfte der junge Mönch mit negativen Gedanken und Emotionen, die ihn sehr quälten und davon abhielten, sein spirituelles Ziel zu erreichen. Er fand keinen Ausweg aus seiner Gedankenspirale, deshalb bat er seinen Lehrer um Hilfe. Der antwortete: »Baljin, lass uns einen Spaziergang durch den Wald machen.«

Auf ihrem Weg trafen sie auf einen alten Mann, der in seinem Garten arbeitete. Als er den Mönch und seinen Lehrer bemerkte, rief er ihnen zu: »Hallo! Könnt ihr mir helfen? Ich habe einen riesigen Stein, den ich aus meinem Garten entfernen muss, aber ich bin zu alt und schwach, um ihn alleine zu bewegen.« Baljin und sein Lehrer stimmten zu, legten ihre Hände um den Stein und begannen damit, ihn aus dem Garten zu hieven. Baljin stöhnte und klagte. »Dieser Stein ist so schwer!«, sagte er. »Es ist unmöglich, ihn zu bewegen.« Sein Lehrer antwortete: »Baljin, du musst deine Einstellung ändern. Der Stein ist schwer, aber du bist stark. Konzentriere dich auf deine Kraft und deine Fähigkeit, den Stein zu bewegen, anstatt dich auf seine Schwere zu fixieren. Achte darauf, wie weit wir schon gekommen sind.« Baljin folgte dem Rat seines Lehrers und fand tatsächlich eine neue Kraft in sich. Er spürte, wie der Stein leichter wurde und so gelang es ihnen schließlich, den schweren Brocken erfolgreich aus dem Garten zu bewegen.

»Genauso wie du dich hierbei auf deine Kraft konzentrieren musst«, sprach der Lehrer, »solltest du dich auf deine innere Stärke konzentrieren, um deine negativen Gedanken zu überwinden und dich auf das Positive zu fokussieren. Lass nicht zu, dass sie dich belasten und dich von deinem Weg abbringen. Du hast die Fähigkeit, sie zu überwinden, wenn du deine Aufmerksamkeit auf deine innere Kraft richtest.«

Der Schlüssel zur Befreiung

Es war einmal ein Mann, der sein ganzes Leben lang nach Befreiung suchte. Er fühlte sich beengt und eingeschränkt in seinem Leben und nicht bei sich angekommen. Dabei hatte er nicht nur das Gefühl, sich selbst im Weg zu stehen, sondern auch permanent Steine in den Weg gelegt zu bekommen, wenn er aus seinem alten Trott ausbrechen und etwas Neues wagen wollte. Um endlich frei zu werden, hatte er schon alles Mögliche ausprobiert: Viele unterschiedliche Ausbildungen, spirituelle Reisen um die halbe Welt und sogar Umzüge und neue Freundeskreise – aber nichts schien ihm wirklich dabei zu helfen auszubrechen. Eines Tages beschloss er deshalb in den Tempel zu gehen, um Rat zu suchen.

Der Mönch, der ihm zuhörte, nickte, lächelte und sprach: »Du bist viel herumgekommen. Sogar um den halben Erdball bist du gereist, aber du hast dich nicht gefunden. Stattdessen bist du immer noch dein eigener Gefangener.« Der Mann nickte und seufzte traurig. »Du brauchst nicht zu verzweifeln, die Lösung deiner Suche liegt ganz nah: Sie ist nicht außerhalb, in fernen Ländern, neuem Wissen oder anderen Menschen. Die Lösung liegt in dir. Du selbst, dein Herz weiß, wie du dein inneres Gefängnis verlässt.«

Verwirrt, aber doch froh, eine machbare Lösung gefunden zu haben, beschloss er umzusetzen, was der Mönch ihm dann sagte: Fortan nahm er sich täglich Zeit zu meditieren und seine Gedanken und Gefühle zu beobachten, ohne sie zu bewerten. Er lernte sich besser kennen und Mitgefühl für sich selbst zu entwickeln. Täglich fühlte er sich mehr und mehr befreit und bei sich angekommen und erlangte den inneren Frieden, nach dem er sich so gesehnt hatte.

Wut ist kein guter Berater

Sunna war sehr wütend auf ihre Freundin Benisha. Beide hatten sich so sehr über eine Nichtigkeit gestritten, dass ihre Freundschaft zu zerbrechen drohte. Sunna fühlte sich im Recht und konnte ihre Wut darüber nicht kontrollieren, dass die Freundin auch darauf beharrte. Sie rannte aus der Wohnung, bitterlich weinend und zitternd. Sie rannte und rannte, direkt in die Arme einer älteren Frau. »Hoppla«, sagte die. »Was ist dir widerfahren, dass du so außer dir bist?« »Ach«, antwortete Sunna, »ich bin wütend auf meine Freundin! Wir haben uns so sehr gestritten, dass sogar unsere Freundschaft daran zu zerbrechen droht. Ich kann meine Wut nicht loslassen. Was soll ich nur tun?« »Ach Kindchen«, sagte die weise Frau, »Wut ist eine so gewaltige Energie ... Lass mich dir eine Geschichte erzählen: Es war einmal ein Mann, der sehr zornig auf seinen Nachbarn war und vor Wut schäumte. Er wollte ihm unbedingt schaden. Er sammelte alle seine Kräfte und heckte die perfidesten Pläne aus, um ihm das Leben schwer zu machen. Aber am Ende verletzte er nur sich selbst und seinen Geist. Er bekam ein Magengeschwür, ihm fielen die Haare aus, er hatte Ärger mit der Polizei, er verlor Geld und alle seine Freunde, weil er so besessen von seiner Wut war. Er erkannte schließlich, dass sein Ärger ihn selbst zerstörte, nicht aber den anderen Mann.«

Sunna dachte über die Geschichte nach, verstand und beruhigte sich. »Denke daran,«, ergänzte die Weise zum Abschied, »dass Ärger niemals der Lösungsweg ist. Es ist nur ein weiterer Schmerz in einer Welt voller Schmerzen.«

Vom Umgang mit Stress

Samir war einst ins Kloster gegangen, um Buddhismus zu studieren und in Ruhe und Frieden ein beschauliches Leben zu führen. Er hatte immer gedacht, dass das Leben als Mönch frei von Stress sein würde, doch er hatte sich geirrt. Da er ein besonders guter Zuhörer war und immer einen Rat wusste, suchten die anderen Novizen ihn gerne auf, wenn sie Fragen oder ein Problem hatten, aber nicht zum Meister sprechen wollten. Seine knappe Freizeit war gefüllt mit Gesprächen und es schienen immer mehr zu werden. Gefühlt jeder im Kloster wollte etwas von ihm. Samir hatte schon Schlafstörungen.

So konnte es nicht weitergehen, also ging er zu seinem Lehrer und klagte ihm sein Leid: »Meister, ich fühle mich so gestresst und überfordert. Ich weiß nicht, wie ich damit umgehen soll.« Der Meister lächelte und antwortete ihm mit einer Geschichte: »Es war einmal ein Mann, der auf einem Boot über einen Fluss fuhr. Plötzlich sah er einen anderen Mann im Wasser, der zu ertrinken drohte. Ohne zu zögern, sprang er in die Fluten und rettete den Mann. Als er wieder auf das Boot stieg, sah er, dass es noch viele weitere Menschen gab, die im Fluss zu ertrinken drohten. Der Mann sprang immer wieder ins Wasser, um sie zu retten, doch es wurden immer noch mehr Menschen, die Hilfe brauchten. Er schaffte es nicht, allen zu helfen, ohne selbst in Gefahr zu geraten.« Samir sah den Zusammenhang nicht: »Aber was hat das mit meinem Stress zu tun, Meister?« Sein Meister erklärte: »Samir, du versuchst, die Probleme anderer Menschen zu lösen, aber du musst erkennen, dass du nicht alle retten kannst. Konzentriere dich auf das Wesentliche und lass das los, was du nicht ändern kannst. Nur so kannst du inneren Frieden finden und dem Stress entkommen. Das ist der Weg zur Erleuchtung.«

Die Energie folgt deiner Aufmerksamkeit

Der junge Novize war verzweifelt: Immer, wenn er sich im Lotossitz niederließ, um sich in seine Meditationspraxis zu versenken, spielten seine Gedanken verrückt. Anstatt still, wurde es in seinem Kopf reflexartig lauter und lauter: Er dachte sorgenvoll an seine alte Mutter, die viele Kilometer entfernt ganz allein in seinem Heimatdorf zurückgeblieben war, seit der Vater gestorben und seine Brüder sich in alle Himmelsrichtungen verstreut hatten. Und überhaupt: Was sie wohl gerade alle machten? Dann überlegte er, welche der Aufgaben, die die Mönche ihm zugeteilt hatten, er zuerst machen sollte. Im nächsten Moment sprangen seine Gedanken zu den Prüfungen, die kurz bevorstanden. Und so weiter und so fort – so ging es jedes Mal.

Voller Verzweiflung fasste er sich ein Herz und sprach seinen Meister an: »Was soll ich nur tun, Meister?«, fragte er niedergeschlagen. »Ich weiß, wie wichtig die Meditation ist, doch meine Gedanken spielen mir immer einen Streich und schweifen ab. Sie wandern einmal um die ganze Welt, aber bleiben nie bei mir.« Der Meister lächelte. »Wie sollten deine Gedanken aus deinem Kopf kommen?« Er wurde ernst und sagte: »Du musst sie nicht einfangen und festhalten. Bedenke vielmehr: Du bist ihr Schöpfer. Schöpfe bewusst! Wo deine Aufmerksamkeit ist, ist deine Energie und das ziehst du an. Schenke diesen Gedanken keine Aufmerksamkeit.« Der Meister legte freundlich seine Hand auf die Schulter des Schülers: »Lass sie entstehen und dann beachte sie nicht weiter. Du wirst sehen, sie ziehen weiter und lösen sich auf, wie Wolken am Himmel.« Der Schüler seufzte erleichtert: So logisch und so einfach sollte das sein? »Das schaffe ich!«, erwiderte er dankbar.

Das Geschenk der Annahme

Der junge Mönch Maruti lebte in einem Kloster im Himalaya. Obwohl er sich bemühte, den buddhistischen Lehren zu folgen, fand er es schwer, die Idee von Annahme zu verstehen. Er fragte seinen Lehrer, einen alten Mönch, nach Rat.

Der alte Mönch nahm eine Schale mit Wasser und fragte Maruti: »Was siehst du in diesem Wasser?« Maruti antwortete: »Ich sehe mein Spiegelbild.« Der alte Mönch nahm eine Handvoll Salz und warf es in die Schale. Er fragte: »Was siehst du jetzt?« »Das Wasser ist trüb und das Spiegelbild ist verschwunden«, antwortete Maruti. Nach einem kurzen Moment des Schweigens sagte der alte Mönch: »Genau wie das Salz das Wasser trübt, trüben unsere Begierden und unsere Abneigungen unseren Geist. Wenn wir lernen, Annahme zu üben, können wir unseren Geist klären und unser wahres Selbst sehen.«

Maruti dachte über die Worte des alten Mönchs nach und versuchte, Annahme in seine Praxis zu integrieren. Eines Tages wurde er von einem Dorfbewohner beleidigt und angespuckt. Normalerweise hätte er sich sehr aufgeregt, aber er erinnerte sich an die Worte des alten Mönchs und wollte es diesmal anders machen. Er sagte zu sich selbst: »Dieser Mann ist wütend und verwirrt. Ich werde nicht zulassen, dass seine Worte und Taten meinen Geist trüben.« Der Mann war erstaunt über die Reaktion des Mönchs und fragte: »Warum bist du nicht wütend?« Maruti antwortete: »Weil ich gelernt habe, Annahme zu üben. Ich akzeptiere, dass du in diesem Moment wütend bist, aber ich lasse nicht zu, dass deine Wut mich beeinflusst.« Der Mann war beeindruckt von Marutis Antwort und konnte auch für sich sehen, dass es klug wäre, wenn er seinen eigenen Geist klären würde. Von diesem Tag an praktizierte er ebenfalls Annahme und wurde ein besserer Mensch.

Der Wert von Wissen und Weisheit

Es gab einmal einen Mann namens Sutra, der sein Leben damit verbrachte, Wissen zu sammeln. Er studierte die Schriften des Buddhismus und wurde Mönch. Doch trotz seiner umfangreichen Kenntnisse fühlte sich Sutra unzufrieden und unerfüllt. Eines Tages besuchte er deshalb einen weisen alten Mönch.

»Wissen ist wichtig«, sagte der, »aber es ist nicht alles. Du musst dein Wissen auch anwenden und leben, erst dann wird es zur Weisheit. Wenn es in deinem Kopf bleibt, ist es Theorie und nützt nicht viel. Bringst du dein Wissen dagegen aktiv in die Welt, verbesserst du dein Leben und das anderer Menschen, Pflanzen und Tiere.«

Das leuchtete Sutra ein und er begann, seine Kenntnisse in die Praxis umzusetzen: Er unterrichtete wissbegierige Schüler und Studenten, tat viel Gutes für das Wohl seiner Gemeinde und unterstützte Bedürftige, wo er nur konnte. Sein Tun machte ihm großen Spaß und brachte seine Lebensfreude zurück. Er erkannte mit seinem Herzen, dass es ein großes Glück ist, das eigene Wissen zu nutzen, um Leid zu verringern, das Glück zu fördern und so die Welt ein Stück weit zu verbessern. Er fand Frieden und Erfüllung, indem er sein Wissen teilte und andere inspirierte, den gleichen Weg zu gehen.

Die Klarheit des Geistes

Es war ein kalter Wintermorgen, als ich beschloss, in die Berge zu gehen, um zu meditieren. Ich wollte meinen Geist reinigen und mich von negativen Gedanken befreien. In jüngster Zeit war sehr viel Unruhe und Unfriede in meinem Leben und es blieb keine Zeit für mich. Ich sehnte mich nach Ruhe und Kontemplation, um neue Entscheidungen treffen zu können. Ich wandte mich von der Hektik des Alltags ab und ging tiefer in die Berge hinein. Dorthin, wo ich endlich die Stille finden konnte, die ich suchte. Ich setzte mich auf einen Felsen, schloss die Augen und begann, meine Atmung zu beobachten. Ich spürte, wie die kühle Luft in meine Lungen strömte, meinen ganzen Körper erfrischte und beim Ausatmen verbrauchte und negative Energie mitnahm. Das tat gut!

Ich fühlte, wie mein Körper sich zu entspannen begann und mein Geist immer klarer wurde. Die Dunkelheit in meinem Inneren wich mit jedem Atemzug Stück für Stück einer hellen Leichtigkeit. Ich saß da, in dieser immer strahlender werdenden Klarheit und genoss jede Sekunde davon. Es war eine seltsame Zeitlosigkeit, in der ich wie schwebte – es kam mir vor wie Stunden, dabei waren es tatsächlich nur wenige Minuten gewesen, in denen ich eingetaucht war. Ich spürte, wie die Anspannung aus meinem Körper wich und ich mich vollkommen entspannt und glücklich fühlte. Ich erkannte, dass die Stille die Antwort auf meine Probleme war und beschloss, öfter in die Berge zu gehen und diese Klarheit zu suchen.

Der Bogenschütze

Liem war ein begnadeter Bogenschütze und gewann viele Wettkämpfe. Er war stolz auf seine Fähigkeiten und glaubte, dass er alles erreichen konnte, wenn er nur hart genug arbeitete. Eines Tages hörte er, dass ein berühmter Mönch in seinen Heimatort kam, den er aufsuchen wollte. Er erzählte dem Meister von seinen Erfolgen und bat um seinen Segen. Der Mönch hörte ihm aufmerksam zu und sagte dann: »Mein Lieber, der Glaube ist wie ein Bogen und die Taten sind wie die Pfeile. Ohne einen Bogen ist der Pfeil nutzlos und ohne Taten ist der Glaube nutzlos.« Liem verstand nicht ganz, was der Mönch meinte, aber er dankte ihm höflich und kehrte in sein Dorf zurück.

Einige Tage später fand ein wichtiger Wettkampf statt und Liem war zuversichtlich, dass er gewinnen würde. Er zog seinen Bogen und richtete den Pfeil auf die Zielscheibe, aber er verfehlte das Ziel. Er versuchte es noch einmal und noch einmal, aber seine Pfeile flogen alle vorbei. Liem war frustriert. Doch plötzlich fielen ihm die Worte des Mönchs wieder ein und er verstand auf einmal, was dieser gemeint hatte: Liem hatte so sehr auf seine Fähigkeiten vertraut, dass er vergessen hatte, daran zu glauben, dass er wirklich erfolgreich sein würde. Er schloss die Augen und atmete tief ein und aus, um sich zu beruhigen und seine Gedanken zu fokussieren. Als er seine Augen wieder öffnete, nahm er seinen Bogen und zielte erneut. Dieses Mal spürte er, dass er das Ziel erreichen würde. Er zog den Bogen zurück und ließ den Pfeil los. Er flog durch die Luft und landete in Perfektion mitten auf der Zielscheibe.

Liem wusste in diesem Moment, dass der Glaube genauso wichtig war wie sein Talent. Seit diesem Tag übte Liem nicht nur seine Fähigkeiten, sondern auch seinen Glauben.

Die Essenz der Seele

Neulich habe ich am Lagerfeuer mit meinen Gefährten eine schöne und berührende Geschichte gehört. Während das Feuer warm und beruhigend knisterte, erzählte uns ein lieber Freund eine wundervolle Parabel über die Seele. »Stellt euch vor«, begann er, »dass unsere Seele wie das Wasser in einem Fluss ist. Der Fluss fließt unaufhörlich und durchquert viele unterschiedliche Landschaften – Berge, Täler, weite Ebenen, saftige Wiesen. Manchmal strömt er ganz ruhig und sanft, während er zu anderen Zeiten plötzlich schnell und turbulent ist. Mal fließt er gerade, mal in Kurven. Mal ist er klar, mal aufgewühlt und trüb, mal seicht, mal tief. Aber egal wie der Fluss aussieht, es bleibt immer das gleiche Wasser. Unsere Seele ist wie das Wasser im Fluss unseres Lebens. Es mag Etappen geben, in denen das Leben ganz leicht ist und dann wieder Abschnitte, in denen wir durch schwere Zeiten gehen. Aber, was auch ist, wir bleiben immer dieselbe Seele. Unsere Erfahrungen und Emotionen mögen sich ändern, aber unsere Essenz bleibt unverändert. Versteht, dass es nicht wichtig ist, sich auf äußere Dinge wie Reichtum und Macht zu konzentrieren, um Erfüllung zu finden. Stattdessen fokussiert euch auf den Fluss und sein Wasser. Darauf, eure Seelen zu pflegen und eure innere Weisheit zu entwickeln.«

Diese schöne Parabel wollte ich euch gern für euer Leben mitgeben. Auch in turbulenten Zeiten wird es euch dann nicht an Vertrauen fehlen, denn ihr wisst: Der Fluss fließt weiter und es wird auch in eurem Leben wieder sanfte Wasserläufe geben.

Die stille Kraft

Eines Tages ging ich in den Wald, um zu meditieren und meine Gedanken zu klären. Als ich mich auf eine Lichtung setzte, bemerkte ich eine Gruppe von Affen, die nicht weit entfernt von Baum zu Baum sprangen und laut schrien. Ihr Lärm störte mich bei meiner Meditation und es fiel mir schwer, mich zu konzentrieren. Also beschloss ich, stattdessen die Affen zu beobachten und zu verstehen, warum sie so laut waren. Ich bemerkte, dass ihr Anführer am lautesten schrie und die anderen ihm folgten. Einzig wegen seines lauten, lärmenden Gehabes hatte der Anführer diese Macht über die anderen, stellte ich fest. Ich wollte den Affenchef testen und verhielt mich still und ruhig, aber 100 Prozent präsent. Plötzlich hörten die anderen Affen auf zu schreien und wurden still. Ihre Aufmerksamkeit war nun bei mir. Ihr Anführer reagierte verwirrt und wütend, weil die anderen ihm auf einmal nicht mehr folgten. Schließlich gab er auf und verließ den Baum, auf dem er saß.

Ich aber erkannte: Die Kraft der Stille ist viel machtvoller als die des Lärms. Ich übertrug diese Erkenntnis auf meine Meditationspraxis und mir wurde klar, dass, wenn ich still blieb, ich mehr Kontrolle über meine Gedanken und Gefühle hatte und dadurch in der Lage war, meine Meditation zu vertiefen. Ich verstand: Die Stille ist der beste Ort, an dem wir uns selbst begegnen und unsere Gedanken und Emotionen verstehen können. Wenn ich mich in der Stille übe, kann ich mein Leben viel leichter in Frieden und Glück führen.

Der Körper ist dein Tempel

Tim war jung. Was kümmerte ihn sein Körper? Er schätzte ihn nicht besonders und behandelte ihn wie einen Gebrauchsgegenstand, der ihm egal war. Er rauchte, trank viel und aß ungesunde Nahrungsmittel. Eines Tages traf er einen weisen Mann. »Tim«, sagte er, »dein Körper ist wie ein Tempel. Er ist der Wohnort deiner Seele. Wenn du ihn schlecht behandelst, wirst du auch deine Seele schlecht behandeln. Dein Körper verdient Respekt und Sorgfalt, genauso wie ein heiliger Ort. Du solltest ihn pflegen und ihm das geben, was er braucht, um gesund und stark zu bleiben. Du hast die Verantwortung.« Ein Tempel? Zuerst lachte Tim, aber dann dachte er über die Worte nach. So hatte er es noch nie betrachtet, schließlich war er fit und hielt sich für unzerstörbar. Doch er hatte auch einige andere gesehen, denen der Raubbau an ihrem Körper nicht guttat und die lange brauchten, sich von einer exzessiven Partynacht zu erholen.

Tim erkannte die Wahrheit in den Worten des weisen Mannes und begann, seinen Körper mit mehr Liebe und Sorgfalt zu behandeln. Er hörte auf zu rauchen, reduzierte seinen Alkoholkonsum und ernährte sich gesünder. Er trieb jetzt sogar regelmäßig Sport. Mit der Zeit spürte Tim, wie er fitter und viel ausgeglichener wurde. Er fühlte sich energiegeladener, glücklicher und zufriedener mit sich selbst. Er hatte gar kein Bedürfnis mehr nach Fastfood oder Zigaretten. War es das, was der Mönch meinte? Dass nun sein Leib und seine Seele in Einklang waren? Ihm wurde langsam klar, dass sein Körper tatsächlich ein Tempel war, der gehegt und gepflegt werden musste, um ein erfülltes Leben zu führen.

Eines Tages traf Tim den weisen Mann erneut und bedankte sich bei ihm für die Lehre. »Ich habe verstanden, dass mein Körper der Tempel meiner Seele ist«, sagte Tim. »Ich werde ihn immer mit Respekt und Sorgfalt behandeln.«

Die wilden Wasser der Wut

Gyatso war ein sehr unruhiger Geist, der schnell aufbrauste und in Wut geriet. Das störte ihn sehr, weil er fühlte, dass seine Wut ihm immer mehr im Weg stand und er alleine nicht aus dem Dilemma herausfand. In seiner Not fragte er einen buddhistischen Weisen um Rat. Der Weise sagte: »Gyatso, ich werde dir eine Geschichte erzählen, die dir helfen wird, deine Wut zu überwinden: Es war einmal ein Mann, der von einem Hund gebissen wurde. Er war sehr in Rage und verfolgte das Tier, wobei er mit jedem Schritt wütender und wütender wurde. Schließlich kam er an einen Fluss, wo sich der Hund auf die andere Seite geflüchtet hatte und ihn von dort anbellte. Der Mann war inzwischen so wütend, dass er einen großen Stein nahm und ihn auf den Hund warf. Doch der verfehlte das Tier und fiel ins Wasser. Als der Mann sah, wie der Stein im Wasser versank, wurde er ruhig und erkannte, dass seine Wut keinen Sinn hatte.«

Gyatso verstand nicht, wie es funktionieren sollte, durch so ein Erlebnis eine rasende Wut zu bändigen: »Aber wie kann ich meine Rage überwinden, wenn ich so leicht wütend werde?« Der Weise antwortete: »Gyatso, denk daran, dass deine Wut wie ein wilder Fluss ist. Wenn du dich in ihn hinein stürzt, wirst du ertrinken. Aber wenn du den Fluss beobachtest und seine Bewegungen nachvollziehen kannst, wirst du lernen, wie man ihn überquert. Indem du deinen Zorn beobachtest und ihn begreifst, wirst du lernen, ihn zu überwinden.« Die Worte arbeiteten in Gyatso. Ihm wurde klar, dass seine Wut nichts als ein vorübergehendes Gefühl war und dass er lernen musste, sie zu verstehen – dann würde er ruhiger, konzentrierter und friedlicher werden.

Die Vergänglichkeit der Blätter

Ich saß wieder einmal auf der Bank im Park und sah zu, wie die Blätter an diesem grauen Novembertag langsam von den Bäumen fielen. Ihr kräftiges Grün vom Frühling und die leuchtenden Farben des Spätsommers waren nun verblasst und sie waren bereit, zu Boden zu fallen und zu verwelken. Ich dachte an die Vergänglichkeit des Lebens und wie alles, was wir kennen, irgendwann vergeht. Ich dachte an mein eigenes Leben und wie schnell die Jahre vergingen. Ich dachte an all die Dinge, die ich erreicht hatte, aber auch an die Chancen und Möglichkeiten, die ich verpasst hatte. Ich dachte an die Menschen und Tiere, die ich geliebt hatte und die jetzt nicht mehr da waren. Und ich sah die zwei Wege, die sich mir dadurch offenbarten: traurig und resigniert zu werden und an der Vergangenheit anzuhaften oder die Chance zu nutzen und die Vergänglichkeit als Anstoß zu erkennen, dass ich das Leben ganz im Hier und Jetzt feiern sollte, ja jeden Tag zu hundert Prozent lebe und genieße!

Ich stand auf und ging an diesem grauen Novembertag mit Frühlingsgefühlen und Aufbruchstimmung nach Hause: Ich war bereit, mein Leben mit Zuversicht und Dankbarkeit zu leben, als wäre jeder Tag mein letzter.

Die Sonne ist wie dein Leben

Der junge Mönch Navin lebte in einem abgelegenen Kloster in den Bergen. Er liebte es, den steilen Pfad am Klostergarten weiter hinaufzugehen, um auf der Klippe zu meditieren, die einen so atemberaubenden Blick auf das Tal bot. Eines Tages, während er dort wieder einmal saß, öffnete sich der Himmel und die warme Sonne fiel auf sein Gesicht. Er spürte, wie ihre Strahlen ihn umarmten und ihm Frieden schenkten. Wie gut das tat! Voller Liebe dachte er über die Bedeutung der Sonne nach und beschloss, seinen Meister zu fragen, was er über sie wusste.

»Meister«, sagte Navin, »was kann ich von der Sonne lernen?« Der Meister antwortete: »Nun, Navin, die Sonne ist wie das Leben selbst. Sie gibt uns Wärme und Licht und hilft uns, zu wachsen und zu gedeihen. Aber manchmal versteckt sie sich hinter Wolken oder hinter dem Horizont und lässt uns im Dunkeln. Genau wie das Leben hat die Sonne ihre Höhen und Tiefen.« Navin nickte nachdenklich und fragte weiter: »Aber was ist mit den Zeiten, in denen sie so heiß ist, dass sie uns fast verbrennt?« »Ah, das ist eine gute Frage«, antwortete der Meister. »Manchmal kann die Sonne so heiß sein, dass sie uns wehtut. Aber wir können sie nicht verändern oder kontrollieren. Wir können nur lernen, wie wir uns anpassen und mit ihr umgehen. Wir können unsere Augen schließen oder Schatten aufsuchen, um uns zu schützen. Genauso, wie wir lernen können, uns auf unsere Atmung zu konzentrieren und unsere Gedanken zu beruhigen, um uns zu helfen, durch schwierige Zeiten zu kommen.«

Navin dankte seinem Meister. Dessen Worte hallten noch lange in ihm nach, besonders, wenn er oben auf der Klippe saß, wo er die Sonne so intensiv spürte. »Es ist wie das Leben«, flüsterte er. »Ich kann die Sonne nicht kontrollieren, aber ich kann lernen, wie ich mich anpassen und mit ihr umgehen kann.«

Über die Liebe

Die Liebe ist eines der größten Mysterien, das die Menschen immer wieder beschäftigt und das seltsam unerklärbar bleibt. Ein buddhistischer Meister näherte sich ihr für seine Schüler einmal mit einer Geschichte: Ein alter Mann lebte allein in einem großen Haus auf einem Hügel. Eines Tages kam ein junger Mann des Wegs und fragte ihn, ob er bleiben könne. Die beiden verstanden sich auf Anhieb gut, also stimmte der alte Mann zu und gab ihm ein Zimmer im Obergeschoss des Hauses. Der junge Mann war sehr dankbar und lebte glücklich und in freundschaftlicher Harmonie mit dem alten Mann.

Eines Tages wurde der Alte krank. Der Junge kümmerte sich liebevoll um ihn: Er bereitete ihm seine Mahlzeiten, half ihm beim Aufstehen und sorgte dafür, dass er sich wohl fühlte. Doch der alte Mann wurde immer schwächer und wusste, dass er bald sterben würde. Eines Tages sagte er zu seinem jungen Freund: »Ich weiß, dass ich bald sterben werde, aber bevor ich gehe, möchte ich dir eine Lektion über Liebe geben. Siehst du den Garten draußen? Dort gibt es einen besonderen Baum. Ich möchte, dass du mir Früchte von diesem Baum bringst.«

Der junge Mann ging sofort in den Garten und fand den Baum. Doch seine Früchte hingen in unerreichbarer Höhe. Mit einem langen Stock versuchte er, wenigstens eine für seinen Freund zu ergattern, aber es funktionierte einfach nicht, egal, wie sehr er sich bemühte. Schließlich gab er auf und kehrte traurig ins Haus zurück. »Ich habe keine einzige Frucht für dich«, sagte er niedergeschlagen. »Sie hängen einfach zu hoch. Es tut mir sehr leid, ich hätte sie dir so sehr gegönnt.« Der alte Mann lächelte und sagte: »Genau das ist die Lektion über Liebe. Du musst nicht die Frucht erreichen, um zu beweisen, dass du mich liebst. Die Tatsache, dass du es versucht hast, reicht aus.«

Die Schildkröte

Seit einiger Zeit studierte ich die buddhistischen Lehren und versuchte sie täglich in die Praxis umzusetzen. Der Alltag bot viele Gelegenheiten zum Üben, auch wenn es nicht immer einfach war. Ich liebte vor allem die Meditation – und diese ganz besonders in der Natur.

Eines Tages ging ich wieder an meinen Lieblingsort, um meine Gedanken zu klären und meine Achtsamkeit zu verbessern. Ich wanderte durch den duftenden Wald und bewunderte die Schönheit der Natur um mich herum. Plötzlich hörte ich ein leises Geräusch und sah eine kleine Schildkröte, die in einem Tümpel gefangen war. Ich fühlte Mitleid mit dem Tier und wollte ihm helfen. Ich hob die Schildkröte vorsichtig aus dem Wasser und legte sie auf den Boden. Doch sie blieb einfach sitzen, wo sie war, bewegte sich nicht und sah mich nur an. »Komisch«, dachte ich. »Warum läuft sie nicht ins Dickicht, froh, endlich aus dem Wasser gekommen zu sein?« Plötzlich fiel es mir ein: Ich hatte die Schildkröte aus ihrem natürlichen Lebensraum entfernt, ohne darüber nachzudenken, ob sie es wirklich wollte. Ich entschuldigte mich bei ihr und brachte sie zurück zum Tümpel, wo sie, kaum ins Wasser gesetzt, gleich wegschwamm.

Sie war eine gute Lehrmeisterin: Ich erkannte, dass Achtsamkeit nicht nur bedeutet, die Schönheit der Natur zu bewundern und immer nur eigene Maßstäbe anzusetzen. Es geht auch darum, Respekt vor ihr zu haben und sich bewusst darüber zu sein, wie die eigenen Handlungen ihre Bewohner beeinflussen können.

Ich kehrte nach Hause zurück und erzählte später meinem Lehrer von dieser besonderen Begegnung. Er nickte zustimmend und sagte: »Eine weise Entscheidung. Achtsamkeit bedeutet, aufmerksam zu sein und mitfühlend zu handeln, ohne Schaden zu verursachen.« Von diesem Tag an bemühte ich mich, meine Achtsamkeit zu vertiefen und sorgsam mit allem umzugehen, was die Natur uns schenkt.

Dankbarkeit, der Schlüssel zum Glück

Auf einem seiner Spaziergänge traf der junge Amal einmal einen alten Mann, der auf einer Brücke saß und in den Fluss starrte. Neugierig fragte Amal: »Ehrwürdiger Herr, was beschäftigt Sie so sehr, dass Sie nicht bemerken, wie die Zeit vergeht?« Der Alte antwortete: »Ich sitze hier und denke über all die Dinge nach, für die ich dankbar bin: die Natur, die Luft, das Wasser und all die anderen wunderbaren Geschenke des Lebens.« Amal war erstaunt und fragte: »Aber was ist mit den Problemen und Herausforderungen des Lebens? Sollten wir uns nicht auch auf sie konzentrieren, damit wir sie lösen?« Der alte Mann antwortete: »Natürlich gibt es Herausforderungen, aber wenn wir uns nur auf sie konzentrieren, verpassen wir all die Segnungen, die uns umgeben. Es ist wichtig, dankbar zu sein für das Gute, aber auch für das Schlechte, denn jede Erfahrung ist ein Teil unseres Weges.« Amal verstand die Botschaft und begann, dankbarer für die Dinge zu sein, die er in seinem Leben hatte.

Eines Tages wurde er jedoch schwer krank und musste viele Monate im Bett liegen. Er konnte nichts tun und fühlte sich oft traurig und einsam. Dann erinnerte er sich an die Worte des alten Mannes und begann, sich auf die Dinge zu konzentrieren, für die er dankbar sein konnte: Er dankte für das Essen, das ihm gebracht wurde, für die Besuche seiner Freunde und für das Sonnenlicht, das durch das Fenster schien. Je mehr er sich auf das Positive konzentrierte, desto mehr fühlte er sich im Frieden. Mit der Zeit verbesserte sich seine Gesundheit und Amal war dankbar für jeden kleinen Fortschritt, den er machte. Schließlich erholte er sich vollständig – jedoch reicher um sein neues Verständnis für die Kraft der Dankbarkeit. Er hatte verinnerlicht, dass auch in schwierigen Zeiten Dankbarkeit eine Möglichkeit ist, den Geist zu heben und sich zu helfen weiterzugehen.

Das Boot auf dem Ozean

Einmal fragte mich jemand, wie er seinen unruhigen Geist beruhigen könne. Ständig drehten sich die Gedanken im Kreis, er wälzte nur noch Probleme. Sein Leben war voller Ängste und Sorgen. Das ermüdete ihn sehr, zumal auch seine Nächte mittlerweile schlaflos waren. Er brauchte dringend eine Lösung. Ich überlegte kurz und sagte: »Fang an, deine Atmung zu beobachten. Richte deine Aufmerksamkeit auf das Ein- und Ausatmen. Wenn dein Geist abschweift«, erklärte ich ihm, »bringe ihn einfach sanft zurück zur Atmung.« »Aber wie kann die Atmung meinen Geist beruhigen?«, fragte mein Gegenüber irritiert – das war ihm viel zu einfach.

Ich erklärte es ihm mit einem Bild: »Stell dir vor, du bist ein Boot auf dem Meer. Wenn es stürmisch ist, wird dein Boot hin- und hergeworfen, du bekommst Angst und bist voller Sorge. Ist der Ozean aber ruhig und still, kannst du dein Boot ganz leicht steuern. Es fährt leicht durch das Wasser und du bist entspannt, ja, fühlst dich sicher und getragen. Ist das so?«, fragte ich. Mein Gegenüber nickte zustimmend. »Nun bedenke«, sprach ich weiter, »deine Atmung ist wie der Ozean. Wenn du sie beruhigst, wird auch dein Geist, also dein Boot, ruhig und du bist frei von Ängsten und Sorgen. Erinnere dich immer daran, dass deine Atmung wie der Ozean ist, der deine Gedanken hin und her bewegen kann. Beruhige deine Atmung und dein Geist wird still werden.«

So wirst du bärenstark

Sefa war gerade acht Jahre alt geworden und todunglücklich. Die Mädchen in der Schule hatten sich über ihre neue Brille lustig gemacht und sie beim Spielen ausgegrenzt. Als Brillenschlange könnte sie nun nicht mehr mitmachen, war ihre gnadenlose Begründung, die Sefa nicht verstand, aber zu akzeptieren hatte. Hilflos und enttäuscht stand sie am Rand des Schulhofs und musste zusehen, wie ihre Freundschaft zerbrach.

Nach dem Unterricht lief sie schluchzend nach Hause. Zum Glück hatte sie ihre Großmutter. Die war immer für sie da und wusste immer einen Rat. »Mein Herz«, sagte die Großmutter, nachdem Sefa ihr weinend die Erlebnisse vom Schultag berichtet hatte. »Nimm einen Schluck warmen Tee und setz dich einen Augenblick zu mir.« Großmutter umschloss Sefas Gesicht liebevoll mit ihren duftenden, weichen Händen, gab ihr einen warmen Kuss auf die Stirn, umarmte sie dann fest und wiegte sie sanft. Das tat so gut. »Weißt du«, sagte sie »wir alle werden in unserem Leben verletzt. Das ist menschlich. Wir haben es nicht in der Hand, wann und wie das geschieht. Was uns jedoch voneinander unterscheidet ist, wie die Geschichte weitergeht; wie wir damit umgehen. Das hat jeder Mensch selbst in der Hand.« Sefa lauschte den Worten der Großmutter und fühlte sich schon ein wenig besser. »Wenn etwas im Außen dich trifft«, fuhr Großmutter fort, »hast du zwei Möglichkeiten: Entweder wirst du verletzt oder du wirst weise. Das ist die Wahl, die du treffen musst. Jetzt überleg mal: Je mehr Dinge dich früh in deinem Leben verletzen, umso weiser kannst du jetzt schon werden. Sind das nicht großartige Aussichten?« Die Großmutter zwinkerte Sefa zu und beide mussten plötzlich herzlich lachen.

Die Maus im Zimmer

Es war einmal ein weiser Mönch namens Dharmakirti, der in einem abgelegenen Tempel in den Bergen lebte. Eines Tages bemerkte er, dass eine Maus in seinem Zimmer lebte und seine Vorräte aß. Obwohl Dharmakirti wusste, dass die Maus ein Lebewesen war, das seine eigene Natur hatte, fühlte er sich von ihrer Präsenz gestört. Er beschloss, eine Lebendfalle aufzustellen, um sie loszuwerden. Der Plan ging auf, er fing die Maus.

Als Dharmakirti den kleinen Nager in seinem Gefängnis hocken sah, spürte er plötzlich eine Welle der Empathie. Er erkannte, dass er, genau wie die Maus, ein leidenschaftliches Wesen war, das nach Freiheit und Glück strebte. Deshalb beschloss er, das kleine Tier nicht einfach loszuwerden, sondern es an einem besonders schönen Ort wieder freizulassen. Bevor er dies tat, sprach er zu ihr: »Meine kleine Maus, ich weiß, dass du nur versuchst zu überleben. Ich sehe, dass wir alle im selben Boot sitzen. Wir alle sind auf der Suche nach Frieden und Glück. Ich lasse dich frei und wünsche dir alles Gute auf deinem Weg.«

Dharmakirti ließ die Maus an einem großen Baum frei, versteckte in einer Wurzelhöhle noch ein paar leckere Brotkrumen und Käsebröckchen für sie und fühlte sich tief erleichtert. Er erkannte, dass Achtsamkeit nicht nur bedeutet, sich selbst zu beobachten, sondern auch, auf die Bedürfnisse und das Wohlergehen aller Lebewesen zu achten. Von diesem Tag an behandelte Dharmakirti alle Lebewesen mit tiefem Mitgefühl und allergrößter Aufmerksamkeit. Er erkannte, dass jedes Wesen, egal ob groß oder klein, bedeutsam und wertvoll ist. Diese Einsicht erfüllte sein Herz randvoll mit Liebe.

Das Ego ist eine Wolke

Gesar war ganz aufgeregt: Er hatte schon immer davon geträumt, von den Mönchen zu lernen und war nun auf dem Weg zu seinem Meister. Unterwegs sprach ihn ein charismatischer Mann, an: »Du strahlst so, weil du zu einem Meister gehst? Was willst du schon dort lernen?«, fragte er überheblich und fuhr fort: »Ich bin der beste und klügste Mann hier im Dorf. Folge mir und du wirst alles lernen, was du brauchst.« Doch Gesar antwortete sicher: »Ich bin auf der Suche nach einem spirituellen Weg, um zu wachsen. Ich glaube nicht, dass dein Egoismus und Stolz mir dabei helfen können.« Der Mann lachte höhnisch und sagte: »Du bist ein Narr, wenn du denkst, dass du das Ego besiegen kannst. Es ist ein Teil von dir, der niemals verschwinden wird.« Gesar blieb ruhig. »Ich glaube, dass das Ego überwunden werden kann, und ich werde meinen Meister um Rat fragen«, antwortete er.

Als er diesem von der Begegnung erzählte, sagte der Meister: »Das Ego ist wie eine Wolke, die den klaren Himmel bedeckt. Solange du es zulässt und deine Aufmerksamkeit dort hast, wird es immer da sein und dein Denken und Handeln beeinflussen. Aber wenn du lernst, es zu beobachten und dich nicht damit zu identifizieren, wird es allmählich verschwinden und der klare Himmel deiner Wahrnehmung wird sichtbar.«

Gesar verstand die Botschaft des Mönchs mit dem Herzen und ihm wurde klar, was der überhebliche Mann ihm nie hätte nahebringen können: Er erkannte, dass das Ego nur ein Konzept seines Geists ist und dass es ihm nicht wirklich dient. Er war noch fester davon überzeugt, zu lernen, das Ego loszulassen und so den Weg zu innerem Frieden und Glück zu finden.

Die geheime Zutat

Bari war auf Wanderschaft. Er wollte Abstand zu seinem Leben bekommen, neue Erfahrungen sammeln und zu sich selbst finden. Gerade hatte er eine Lehre in der Landwirtschaft hinter sich, die ihm einiges abverlangt hatte. Ob die herausfordernde Reinigung der Ställe von stinkendem Mist oder die anstrengenden Ernten auf den Feldern, die ihm jetzt noch in den Knochen saßen: Sein Lehrmeister hatte von ihm nur die schlimmsten Tätigkeiten verlangt, fand er. Er fühlte sich ausgenutzt und erniedrigt.

Auf seiner Reise wanderte Bari nun wie befreit durch Feld und Wald. Plötzlich hielt er inne: Auf dem Kartoffelacker vor ihm waren einige Arbeiter bei der Ernte, vor allem Frauen und so junge Kerle wie er – wahrscheinlich ebenfalls die Lehrlinge, vermutete Bari. Er staunte: Die augenscheinlich körperlich schwere Arbeit, die Bari selbst so viele Probleme bereitet hatte, schien für die Leute hier keinerlei Anstrengung zu sein. Sie lachten und sangen Lieder und ihr Tun schien ihnen ganz leicht und vor allem zügig von der Hand zu gehen. Das wollte er genauer wissen! »Liebe Leute«, rief er, »die anstrengende Arbeit scheint euch gar nichts auszumachen. Und wie schnell ihr sie erledigt. Warum ächzt, stöhnt und flucht ihr nicht – so wie ich es seinerzeit bei meiner Ausbildung immer tat, um mir Luft zu machen? Was ist euer Geheimnis?«

Eine der Arbeiterinnen kam näher. Sie lachte und sagte: »Egal, was du tust, tu alles mit Liebe. Steck deine ganze Aufmerksamkeit und Hingabe in deine Tätigkeit. Dann wird jede Arbeit zu deinem Freund. Du wirst erfüllt sein, Spaß haben und es wird dir leicht von der Hand gehen. Probier's mal aus«, lachte sie und eilte wieder auf den Acker zu ihren Freunden.

Der Mutvogel

Nima saß so gerne auf dem großen Stein am Fluss. Hier in der Natur fühlte sie sich geborgen, gehörte dazu und konnte ganz sie selbst sein. In der Gemeinschaft ihrer Mitschüler dagegen war das schüchterne Mädchen oft unsicher und empfand sich nicht als gut genug, auch wenn niemand ihr einen Grund dafür gab. Den ganzen Tag wollte sie am liebsten auf dem Stein sitzen, träumen und die Pflanzen und Tiere beobachten. Die Vögel hatten es ihr besonders angetan. »Ach, könnte ich das Leben doch immer so leicht nehmen, wie sie, so sorglos und ohne Selbstzweifel – aber ich bin ja kein Vogel«, dachte sie traurig und ihr wurde wieder ganz schwer ums Herz.

Plötzlich setzte sich ein Rotkehlchen auf den Nachbarstein und sang aus vollem Halse, als wollte es Nimas Trübsal mit seinem lauten Gesang vertreiben. Sie schreckte hoch, dachte nach und plötzlich hellte sich ihr Gesicht auf: »Aber ich kann sie mir ab heute zum Vorbild nehmen!«, flüsterte sie und fasste einen Plan: »Immer, wenn ich mich wieder klein und minderwertig fühle, denke ich an das Rotkehlchen: Es braucht keine Ausbildung, um erst etwas zu werden. Es singt einfach drauflos, was seine Stimme hergibt, denn es hat gar keine Zeit, sich Gedanken zu machen, ob es gut genug ist! Wenn sich der Vogel erst Gedanken machen würde, anstatt zu singen, würde uns Menschen etwas sehr Wichtiges fehlen. Und: Hat sich jemals jemand über den Gesang eines Rotkehlchens beschwert?«

Nima war überglücklich über ihren Einfall, dankte dem kleinen Vogel für diese wichtige Erkenntnis und lief voller Zuversicht nach Hause.

Der Sinn eines spartanischen Lebens

Bhavin war in eine wohlhabende Familie geboren worden und hatte alles, was er sich nur wünschen konnte. Trotzdem fühlte er sich unzufrieden und innerlich leer. Er versuchte sich mit Reisen abzulenken, kaufte teure Kleider und Schmuck, berauschte sich und gab große Feste – doch nichts konnte seine Leere beseitigen und seine Sehnsucht nach Erfüllung stillen. Er war verzweifelt.

Sein Vater schickte ihn zu einem weisen Mönch, denn er hatte mittlerweile Angst um seinen Sohn. Den sollte Bhavin um Rat fragen. »Mein lieber Bhavin«, sagte der Mönch. »Ich habe gehört, dass du sehr unglücklich bist. Ich denke, ich weiß, was dir fehlt.« Bhavin war überrascht: »Was fehlt mir denn nur, ehrwürdiger Meister?« Der Mönch antwortete: »Du hast zu viel. Du bist von Luxus und Überfluss umgeben. Dein Leben ist zu einfach und bequem geworden. Aber um wahres Glück zu finden, musst du den Sinn eines spartanischen Lebens verstehen.« Bhavin war verwirrt: »Was meinst du damit?« Der Mönch antwortete: »Ein spartanisches Leben bedeutet, sich auf das Wesentliche zu konzentrieren. Weniger ist oft mehr. Wenn du lernst, mit weniger zufrieden zu sein und dich auf das Wesentliche zu konzentrieren, wirst du inneren Frieden finden.«

Bhavin dachte über die Worte des Mönchs nach und beschloss, – da ihm bisher nichts anderes geholfen hatte – es auszuprobieren und sein Leben zu ändern. Er gab seinen Wohlstand auf und ging ins Kloster, um ein einfaches Leben zu führen.

Jahre später begegnete er dem Mönch noch einmal. »Ehrwürdiger Meister, ich danke dir für deine Weisheit. Mein Leben hat sich seitdem so sehr verändert. Ich habe inneren Frieden gefunden und bin jetzt glücklicher als je zuvor.« Der Mönch lächelte: »Das Glück, das du jetzt hast, kommt von innen. Es ist das Ergebnis deines spartanischen Lebens. Ich bin stolz auf dich, mein Schüler.«

Es ist deine Entscheidung

Nyima war zum ersten Mal schwanger. Doch anstatt sich zu freuen, machte sich die junge Frau mehr und mehr Sorgen, je näher der Geburtstermin rückte: Was ist, wenn dem Kind bei der Geburt etwas passiert? Was wird aus ihnen, wenn ihr Mann Jirki, der gerade erst eine feste Arbeit aufgenommen hatte, nicht für ihren Lebensunterhalt sorgen konnte? Wen könnte sie um Hilfe bitten, wenn das Kind krank würde? Nyima ging es mit jedem sorgenvollen Gedanken immer schlechter, und so bat sie den Dorfältesten Sonam um Rat.

»Nyima«, sagte er und goss sich und ihr eine Tasse herrlich duftenden goldenen Tee ein. »Freu dich jetzt auf dein Kind und denke nicht an das Morgen. Das wird sich finden. Denn«, fuhr er fort, »die Zukunft ist eine Illusion und auch deine negativen Gedanken sind ein Hirngespinst. Du kannst nicht wissen, was morgen tatsächlich passiert. Belebst du diese negativen Gedanken, indem du denkst, dass sie Realität sind, zerstören sie dich und dein junges Glück. Gib dich dem Fluss des Lebens hin, konzentriere dich auf das Hier und Jetzt und lass negative Gedanken vorbeiziehen, wie dunkle Wolken am Gewitterhimmel. Immer wenn ein Gedanken-Gewitter aufzieht, lenke deine Aufmerksamkeit auf die Sonne. Sie scheint immer und über allem und bringt selbst in die dunkelsten und schattigsten Gefilde das Licht.«

Die Unglücksvase

Kavi war jung und hatte alles, was er wollte. Doch Ansehen und Reichtum konnten ihm nicht seine Angst vor dem Tod nehmen. Er hatte unbeschreibliche Furcht davor, seit sein Bruder bei einem Unfall plötzlich aus dem Leben gerissen wurde. Seine Trauer und der Schrecken überschatteten seitdem alles.

Eines Tages sprach ihn ein alter Bettelmönch auf der Straße an: »Warum bist du so traurig, junger Mann?« Kavi antwortete: »Ich habe Angst vor dem Tod und kann mich nicht damit abfinden, dass alles vergänglich ist.« Der alte Mann lächelte sanft und erzählte ihm eine Geschichte: »Es war einmal ein Mann, der eine kostbare Vase besaß. Er war so stolz auf sie, dass er sie immer in einem Regal in seinem Haus aufbewahrte und jedes Mal liebevoll streichelte, wenn er daran vorbeikam. Eines Tages stolperte er, fiel gegen das Regal und die Vase fiel zu Boden. Sie zerbrach in tausend Stücke. Der Mann war untröstlich und weinte tagelang um die verlorene Vase. Dann kam sei Onkel zu Besuch, sah das Szenario und sagte: ›Warum weinst du, wenn du gerade deinen Meister gefunden hast? Diese Vase hat dir gezeigt, dass alles vergänglich ist. Darum zu weinen, bringt sie nicht wieder in dein Leben, sondern zerstört auch noch deins. Alles in dieser Welt ist vergänglich und es ist sinnlos, daran festzuhalten.‹ Der Mann begriff den tiefen Sinn dieser Worte und hörte auf zu weinen.«

Auch Kavi verstand die Botschaft und war sehr dankbar, dass der Mönch ihm auch den Weg noch aufzeigte, wie er ganz praktisch seine Angst überwinden konnte. Er begann, Buddhismus zu studieren und zu meditieren. Dadurch erkannte er, dass alles, was existiert, vergänglich, der Geist jedoch unsterblich ist.

Sei wie ein Baum

Abathi war verzweifelt. Sie war nun schon Mitte 30 und das Leben war einfach nicht gut zu ihr. Oft war sie verliebt, doch sie wurde immer nur ausgenutzt. Anstatt eine Familie zu gründen, hatte sie sich um ihre Eltern gekümmert und sie gepflegt. Den Hof jedoch hatte schließlich ihr Bruder als Erstgeborener bekommen, sie musste sich mit einem kleinen Zimmer begnügen. Für Freunde gab es nie Zeit, und nun hatte sie niemanden, der ihr ehrlich zur Seite stand. Auch ihre Gesundheit litt mittlerweile unter ihrem Kummer. An jedem Morgen wurde es schwerer für sie aufzustehen. Gelacht oder Freude empfunden hatte sie schon lange nicht mehr.

»Das Leben ist so leidvoll«, sagte Abathi, als sie in ihrer Not in den Tempel ging und sich von den Nonnen seelischen Zuspruch erhoffte. »Ja«, sagte eine der Älteren. »Leben bedeutet Schmerz. Doch es gibt einen Unterschied zwischen Schmerz und Leid: Schmerz ist im Leben unvermeidlich, aber Leiden ist freiwillig. Du hast es selbst in der Hand, ob du dich weiter ohnmächtig fühlen möchtest«. Abathi verstand nicht und fühlte sich noch mehr gedemütigt – als ob sie freiwillig leiden würde!

»Du kannst lernen, die Dinge zu akzeptieren, wie sie sind«, sprach die Nonne weiter. »Beobachte deine Gedanken und Gefühle, ohne sie zu verurteilen. Nimm eine andere Perspektive ein.« Die Nonne spürte Abathis innere Abwehr. »Nimm diesen großen Baum dort«, sagte sie und zeigte auf eine uralte Feige. »Er wird von Stürmen gebeutelt, von Regen gepeitscht, sogar einen Blitzschlag hat er überlebt. Doch er steht stolz und ist schöner als zuvor. Und mehr noch: Er saugt jeden Sonnenstrahl auf und bringt trotz allem die saftigsten Früchte hervor. Sei auch du wie der Baum. Nimm Stürme und Regen zur Kenntnis, aber richte dich nach der Sonne aus. Dann werden deine Wege fruchtbar und innerer Frieden deine Ernte sein.«

Der Spiegel

Manchmal ging Mani vom Kloster in den nahe gelegenen Ort, um Besorgungen zu machen. An einem schönen Sommertag besuchte er wieder einmal das Dorf und entdeckte einen imposanten Spiegel, der in einem kleinen Laden verkauft wurde. Mani hatte noch nie zuvor so einen Spiegel gesehen und war fasziniert von der Art und Weise, wie er sein Spiegelbild wiedergab. Er kaufte ihn und brachte ihn ins Kloster.

Als er ihn seinen Brüdern zeigte, waren sie ebenso fasziniert und bewunderten seine Schönheit. Bald jedoch konzentrierten sie sich auf ihre Spiegelbilder und machten sich Sorgen, ob sie wohl gut genug aussahen. Mani bemerkte diese Veränderung und beschloss, etwas dagegen zu unternehmen. Er versammelte alle Mönche im großen Saal und hielt den Spiegel in die Mitte des Raumes. »Ich möchte, dass ihr alle in diesen Spiegel schaut«, sagte er. »Was seht ihr?« Die Mönche schauten in den Spiegel und sagten: »Wir sehen unser eigenes Spiegelbild.« Mani antwortete: »Genau. Aber was ist, wenn ich den Spiegel zerbreche?« Die Mönche schauten ihn verwirrt an. »Wenn der Spiegel zerbricht, wird das Spiegelbild verschwinden. Es ist nur eine Illusion. In Wahrheit ist unser wahres Selbst nicht unser Aussehen, sondern unser Geist. Unser Geist ist unzerstörbar und unveränderlich, genau wie das Universum selbst.«

Die Mönche verstanden Manis Botschaft und erkannten, dass er recht hatte. Sie sollten sich nicht so sehr auf ihr Aussehen konzentrieren, sondern auf das, was in ihrem Herzen war. Sie dankten Mani für seine Weisheit und die eindrucksvolle Lektion mit dem Spiegel.

Begegnungen am Wegesrand

Es war einmal ein junger Mönch namens Hema, der sich auf den Weg in ein neues Kloster machte, um dort zu meditieren und sein Wissen über Buddhismus zu vertiefen. Auf dem Weg traf er einen alten Mann, der am Straßenrand saß und ihn um Hilfe bat. »Junge, ich bin erschöpft und brauche etwas Wasser und Nahrung«, sagte er. »Ich habe nichts mehr zu essen oder zu trinken und habe bereits viele Reisende um Hilfe gebeten, aber keiner wollte mir helfen.« »Ich kann dir Wasser und Essen geben«, antwortete Hema, »aber ich muss schnell weitergehen, um das Kloster rechtzeitig zur Mittagsmeditationen zu erreichen.« Der alte Mann sah Hema traurig an: »Ich verstehe, dass du beschäftigt bist, aber bedenke, dass du nicht nur für dich selbst meditierst. Jeder Mensch, dem du hilfst, wird dich mit positiver Energie belohnen und dir helfen, deine spirituelle Praxis zu vertiefen.« Hema erkannte die Wahrheit in den Worten des alten Mannes und gab ihm Wasser und Essen. Er setzte sich zu ihm und sprach mit ihm über seine Reise und seine Ziele. Als er sich erhob, spürte Hema eine neue, pulsierende Energie in sich. Unterwegs zum Kloster traf er auf eine Gruppe Reisender, die in Streit geraten waren und sich gegenseitig beleidigten. Hema spürte ihren Unfrieden und die negative Energie. Noch immer inspiriert von der Begegnung mit dem alten Mann, beschloss er, seinen Weg ins Kloster abermals zu unterbrechen. Er trat zu den Reisenden und sagte: »Meine Freunde, warum streitet ihr? Wir alle sind auf einer Reise und sollten uns gegenseitig helfen und unterstützen. Lasst uns gemeinsam Frieden und Harmonie schaffen.« Die Gruppe hielt inne und beendete ihren Streit. Als Hema weiterging, spürte er, wie sich seine Energie wiederum erhöhte und er beflügelt voranschritt. Schließlich erreichte der junge Mönch das Kloster und erzählte seinem Lehrer von seinen wundersamen Erfahrungen. Der erklärte: »Mein Junge, du hast gelernt, dass es nicht nur darum geht, selbst Energie zu empfangen, sondern auch darum, sie zu geben. Indem du anderen hilfst, wirst du selbst gesegnet und deine Energie erhöht sich. Das ist die Magie hinter deinen gerade gemachten Erfahrungen.«

Was ist Liebe?

Es war einmal ein alter buddhistischer Mönch namens Dinesh, der in einem abgelegenen Tempel lebte. Eines Tages kam ein junger Mann namens Amal zu ihm und fragte: »Ehrwürdiger Mönch, ich bin auf der Suche nach bedingungsloser Liebe. Was muss ich tun, um sie zu finden?« Dinesh antwortete: »Bedingungslose Liebe ist wie der Duft einer Blume. Du kannst sie nicht erzwingen, aber du kannst sie empfangen, wenn du bereit bist, deine Herzenstüren zu öffnen.« Amal war verwirrt: »Aber wie öffne ich meine Herzenstüren?« Dinesh lächelte und sagte: »Lass mich dir eine Geschichte erzählen: Einmal war ein junger Mann auf der Suche nach bedingungsloser Liebe. Er wanderte durch Wälder und über Berge, um sie zu finden. Eines Tages traf er einen alten Mann, der unter einem Baum saß. Der alte Mann lächelte ihn an und sagte: ›Junge, du suchst nach bedingungsloser Liebe, aber du bist es schon. Alles, was du tun musst, ist es zu erkennen.‹ ›Aber wie kann ich es erkennen?‹, fragte der junge Mann. Der Alte antwortete: ›Indem du deine Herzenstüren öffnest und Liebe in dein Leben lässt. Liebe dich selbst und alle um dich herum, ohne Erwartungen und Bedingungen.‹«

»Ich verstehe«, sagte Amal. »Das Geheimnis ist, dass ich lerne, ohne Erwartungen und Forderungen zu lieben.« Dinesh lächelte. »Ja, mein Sohn. Wenn du bedingungslose Liebe gibst, wirst du bedingungslose Liebe erhalten. Das ist das Gesetz des Universums.«

Werde wie ein Kind

Es war einmal ein junger Mann, der sich auf die Suche nach Erleuchtung machte. Er reiste zu verschiedenen Klöstern und meditierte stundenlang jeden Tag, aber er konnte sie nicht finden. Eines Tages traf er in einem abgelegenen Tal einen Mönch. Der junge Mann fragte ihn, wie er die Erleuchtung finden könne. Der Mönch antwortete: »Werde wie die Kinder. Du musst alles vergessen, was du bisher gelernt hast und einen neuen Geisteszustand annehmen. Leere deine Gedanken und tue alles wie ein Kind mit einem offenen Geist und einem reinen Herzen.« »Aber wie soll ich das tun?«, fragte der Suchende. Der Mönch nahm ihn bei der Hand und führte ihn zu einem nahegelegenen Bach. Dort spielten zwei Kinder fröhlich im Wasser. »Beobachte die Kinder«, sagte der Mönch. »Sie spielen ohne Sorgen oder Gedanken, sondern leben im gegenwärtigen Augenblick. Kinder haben keine Angst vor der Zukunft oder ein Bedauern über die Vergangenheit.«

Der junge Mann verstand plötzlich und setzte sich neben die spielenden Kleinen. Er schloss seine Augen und spürte das kühle Wasser auf seiner Haut, hörte das Rauschen des Flusses und nahm den Wind auf seinem Gesicht wahr. Ganz von diesem Moment verzaubert, gelang es ihm schließlich sogar, seine Gedanken anzuhalten. Als er seine Augen wieder öffnete, fühlte er sich so friedlich. Zu allem um ihn herum hatte er auf einmal eine tiefe Verbindung. So fühlte es sich an, wieder wie ein Kind zu werden.

Von diesem Tag an setzte der junge Mann seine Suche nach Erleuchtung mit einem neuen Verständnis fort. Er lebte im Hier und Jetzt und erkannte, dass alles bereits in ihm war.

Das faule Faultier

Es war einmal ein Faultier, das den ganzen Tag nichts tat, außer in den Ästen zu hängen und nichts zu tun. Es war so träge, dass es sogar aufhörte zu essen, wenn ihm das Futter zu weit weg war. Den anderen Tieren im Wald war das Faultier viel zu langweilig, und sie mieden es. Eines Tages kam ein strebsamer Mönch auf der Suche nach Erleuchtung in den Wald. Seine Neugier war geweckt, als er das faule Faultier sah und so fragte er es: »Warum bist du so faul? Warum verschwendest du dein Leben hier, wenn du doch Möglichkeiten hast, etwas zu bewirken? Willst du im Leben denn gar nichts erreichen?« Das Faultier dachte ein Weilchen darüber nach und sagte schließlich ganz gemächlich: »So bin ich, das ist meine Aufgabe. Ich denke, dass es einen perfekten Sinn hat, dass ich so bin, wie ich bin. Wenn ich immerzu beschäftigt und aktiv wäre, verpasste ich die Schönheit und Ruhe des Lebens.« Der Mönch stutzte. »Wie meinst du das?«, fragte er. »Indem ich mich hinlege und nichts tue, habe ich Zeit, die Natur und die Geräusche um mich herum wahrzunehmen. Ich kann meinen Geist zur Ruhe kommen lassen und mich auf das Hier und Jetzt konzentrieren. Das ist eine Fähigkeit, die vielen fehlt.« Der Mönch nickte und sagte: »Du hast recht, Faulheit kann auch eine sinnvolle Pause von ständiger Betriebsamkeit sein. Ich finde jedoch, dass es wichtig ist, uns in Balance zu halten und nicht von der Trägheit überwältigen zu lassen. Aber ich verstehe jetzt auch, dass jeder anders ist und seine speziellen Fähigkeiten hat. Indem wir uns achtsam respektieren und so sein lassen, können wir viel voneinander lernen.«

Der Mönch bedankte sich bei dem faulen Faultier für die neuen Erkenntnisse und beschloss, sie immer in Erinnerung zu behalten, wenn er selbst einmal wieder zu übereifrig war.

Die Seesterne und der feine Unterschied

Ein Mönch ging einst am Strand spazieren, als er eine Person in der Ferne bemerkte, die unermüdlich am Meer entlanglief und etwas aufhob und wieder ins Wasser warf. Neugierig näherte er sich und erkannte, dass es eine junge Frau war, die Seesterne vom Strand sammelte und zurück ins Meer warf. »Was machst du da?«, fragte der Mönch. »Ich rette diese Seesterne vor dem Tod«, antwortete die Frau. »Aber es sind zu viele«, bemerkte der Mönch, »es ist unmöglich, alle zu retten. Was macht das für einen Unterschied?« Die Frau lächelte und hob einen Seestern auf, bevor sie ihn ins Meer warf. »Für diesen Seestern macht es einen Unterschied«, sagte sie.

Der Mönch war von ihrer Hingabe berührt und begann, mit ihr gemeinsam Seesterne zurück ins Meer zu werfen. Bald kamen andere Passanten und schlossen sich ihnen an. Als der Tag zu Ende ging, waren alle Seesterne wieder im Wasser. Sie lehnten sich erschöpft zurück und der Mönch sagte: »Vielen Dank für das Teilen dieses Moments mit mir. Ich habe gelernt, dass wir nicht alle Probleme auf einmal lösen können, aber für jeden kleinen Schritt zählt jede Aktion, die wir tun. Und zusammen schaffen wir viel mehr als alleine.« Die junge Frau nickte und antwortete: »Ja, und für jeden Seestern, den wir retten, machen wir einen Unterschied. Das ist der Weg des Mitgefühls und der Hingabe. Wenn wir gemeinsam an einem Strang ziehen, bewirken wir umso mehr.«

Und so endete die Geschichte mit der Erkenntnis, dass es nicht darum geht, alle Probleme auf einmal zu lösen, sondern darum, jedes einzelne Leben zu schätzen, durch unsere Handlungen einen Unterschied zu machen und bestenfalls andere mit dieser Idee anzustecken.

Im Garten der Einzigartigkeit

Auf seiner Pilgerreise kam der junge Kala eines Tages an einem wunderschönen Garten vorbei, in dem ein Weiser lebte. Der lächelte ihn an und sagte: »Willkommen, mein Sohn. Was führt dich hierher?« Kala antwortete traurig: »Ich fühle mich so klein und unbedeutend in dieser Welt. Andere schaffen Großes und leisten so einen wichtigen Beitrag für das Gemeinwohl. Und ich? Ich finde meinen Platz einfach nicht. Sogar meine Eltern sagen, ich sei ein Nichtsnutz.« Der Weise antwortete: »Ich erzähle dir eine Geschichte, die dir helfen wird, das Leben ein bisschen besser zu verstehen: Es war einmal ein wunderschöner Garten voller Blumen – wie dieser hier. Er lockte viele Besucher an, die sich an den Blüten freuten und Kraft tankten. Jede Blume in diesem Garten war einzigartig und unterschied sich von den anderen in Farbe, Größe und Form. Eines Tages jedoch kam ein Mann und begann, die Pflanzen zu vergleichen und zu bewerten. Er sagte: ›Diese Blume ist schöner als die andere‹, oder ›Diese Blume ist wertvoller als die andere.‹ Die Blumen hörten ihm genau zu und begannen damit, sich miteinander zu vergleichen und zu wetteifern. Am Ende herrschte nur Konkurrenz und Missgunst, und die Blumen waren unglücklich. Der Garten wirkte freudlos und abweisend, sodass schließlich keine Besucher mehr kamen. Dann aber erschien eines Tages ein anderer Mann und betrachtete den Garten mit einem Lächeln. Er sah jede Blume als außergewöhnlich und wunderbar an und lobte ihre Schönheit und Einzigartigkeit. Die Blumen hörten auch ihm zu und begannen wieder, ihre eigene Schönheit und Einzigartigkeit zu schätzen. Der Garten begann zu leuchten und wurde wieder zu einem Ort des Friedens und der Freude.« Der Weise schaute Kala an und sagte: »Jede Person ist wie eine Blume im Garten des Lebens. Wir sind alle einmalig und wunderschön auf unsere ganz eigene Weise. Jeder hat seinen Platz, den er früher oder später finden wird. Wir sollten uns nicht mit anderen vergleichen oder glauben, was andere über uns sagen. Stattdessen sollten wir unsere Einzigartigkeit schätzen und uns gegenseitig loben und unterstützen.«

Der Hund im Fluss

Es war einmal ein Mönch, der einen kleinen Hund als Begleiter hatte. Der Hund war treu und folgte ihm überall hin. Eines Tages entschied der Mönch, eine Reise zu unternehmen und nahm den Hund mit sich. Sie wanderten stundenlang durch die Berge, bis sie schließlich an einen Fluss kamen. Der Mönch wollte den Fluss überqueren, aber der Hund hatte Angst vor dem Wasser und weigerte sich. Aufgeregt rannte er diesseits des Flusses hin und her und versuchte seinen Menschen vergeblich davon abzuhalten, ihn zu überqueren. Doch der Mönch sprang ohne zu zögern hinein und schwamm.

Als er ans andere Ufer kletterte, winselte der Hund auf der gegenüberliegenden Seite sehnsüchtig und hin- und hergerissen. »Komm schon, mein kleiner Freund« lockte der Mönch. »Du kannst es schaffen. Vertraue dir selbst und spring. Ich bin bei dir, um dich zu unterstützen.« Der Hund zögerte kurz, gab sich schließlich einen Ruck und sprang ins Wasser. Zuerst geriet der kleine Hund in die Strömung, aber der Mut verließ ihn nicht. Er strampelte und mobilisierte all seine Kräfte, um wieder bei seinem geliebten Menschen zu sein. Nach ein paar Minuten hatte er es geschafft! Der Mönch half seinem Hund ans Ufer, der schüttelte sich und beide hüpften vor Stolz und Freude.

Der Mönch lächelte seinen Hund voller Liebe an und sagte: »Siehst du, mein Freund, du hast es geschafft, weil du dir selbst vertraut hast. Du hast jetzt gelernt, dass, wenn du Vertrauen in deine Fähigkeiten hast, du Dinge tun kannst, die du vorher für unmöglich gehalten hast! Ganz alleine hast du das geschafft, ich habe nur an dich geglaubt.« Der Hund bellte glücklich und wedelte mit seinem Schwanz, während der Mönch ihm über den Kopf strich. Zusammen gingen sie weiter, und der Hund sprang von nun an voller Zuversicht über jedes Hindernis, das ihnen auf ihrem Weg begegnete.

Vom tiefen Zuhören

Der junge Mönch Dokhar ging auf eine Wanderung, um die umliegende Natur zu erkunden. Als er durch den Wald lief, hörte er das leise Rauschen eines Flusses. Er folgte dem Geräusch und fand einen kleinen Bach. Als er sich näherte, hörte er ein leises Murmeln – es war die Stimme eines alten Mannes, der am Ufer saß und zu dem Bach sprach. Dokhar lauschte. »Mein lieber Bach«, sagte der alte Mann, »ich danke dir, dass du mich gelehrt hast, zuzuhören. Du bist so geduldig und ruhig, und du hörst immer zu, ohne zu urteilen oder zu unterbrechen. Ich habe viel von dir gelernt, und ich danke dir dafür.« Dokhar staunte. Er hatte noch nie zuvor von einem Bach gehört, mit dem man sich unterhalten konnte. Er trat näher heran. »Du wirst es verstehen«, sagte der Alte zu ihm, »wenn du dich hinsetzt und dem Bach zuhörst. Schließe deine Augen und höre, wie er fließt.« Dokhar tat es und hörte das leise Rauschen des Wassers, das über die Steine und den Kies floss. Er hörte das Plätschern, wenn das Wasser gegen die Ufer prallte. »Was hast du gehört, Dokhar?«, fragte der alte Mann. »Ich habe das Rauschen des Wassers und das Plätschern gehört«, antwortete Dokhar. »Ja«, sagte der alte Mann, »aber hast du auch das Murmeln gehört?« Dokhar lauschte noch einmal und konzentrierte sich auf das Geräusch. Schließlich hörte er es auch. Es war ein leises Murmeln, das sich unter dem Rauschen des Wassers verbarg. »Ich höre es jetzt«, sagte Dokhar. »Es ist wie eine leise Stimme, die unter dem Rauschen des Wassers zu mir flüstert.« »Ja, Dokhar«, sagte der alte Mann. »Das ist das Murmeln der Weisheit. Wenn du tief zuhörst, kannst du es hören. Es ist die Stimme der Natur, die zu uns spricht.«

Dokhar erkannte, dass das Zuhören mehr als nur das Hören von Geräuschen war. Es war das Verstehen der tiefen Weisheit, die in allem verborgen ist.

Der Baum und die Erleuchtung

Der uralte Baum mit den ausladenden Ästen und den großen Blättern war die Attraktion des buddhistischen Tempelgartens. Viele Pilger und Mönche hatten schon unter seinen Zweigen gesessen, sich in seinem Schatten ausgeruht und meditiert. Der direkte Zutritt zu ihm war streng geregelt, denn der Andrang war groß: Die Menschen erzählten sich, dass schon viele unter dem Baum die ersehnte Erleuchtung erfahren hatten.

Auch der junge Novize Norbu wünschte sich von Herzen, nur einmal unter diesem Baum zu sitzen und zu meditieren. Wie alle hoffte auch er insgeheim auf Erleuchtung, ohne genau zu wissen, wie sie sein würde. Schließlich erhielt er eine Genehmigung und durfte eine Zeitlang schweigend unter dem Heiligtum verweilen. Unter dem Blätterdach sitzend, konzentrierte er sich auf seine Atmung und seine Gedanken. Er ließ sie ziehen wie Wolken, atmete sanft und tief, beruhigte sein Herz und füllte es mit Liebe für alle Kreaturen – aber nichts Außergewöhnliches schien zu passieren. Er fühlte sich nur sehr geborgen, befreit, leicht und friedlich – und so verbunden, als würde er mit dem Baum und allem um ihn herum verschmelzen. Das Erlebnis war schön und doch so voller Fragezeichen. Wo blieb der große Knall der Erleuchtung, von dem er gehört hatte?

Als er seinem Meister etwas enttäuscht von seinen Erlebnissen erzählte und ihn befragte, was er denn noch tun könne, lächelte der verschmitzt und sagte: »Lass deine Erwartungen los, wie etwas zu sein hat. Hör nicht auf andere, sondern schenke nur den leisen Tönen Glauben, die dein eigenes Herz für dich wahrnimmt. Folge dem Pfad und du bleibst auf dem richtigen Weg. Die Erleuchtung kann viele Gesichter haben ...«

Der Bambus der Hoffnung

Ratna war eine schöne junge Frau, doch ihre Seele war gebrochen: Durch einen Bootsunfall am Fluss hatte sie vor vielen Monaten ihren geliebten Mann und ihr Baby verloren. Seit dieser dunklen Stunde hatte sie nie wieder gelacht und ihr Gesicht hinter einem schwarzen Schleier verborgen. »Ratna,« sagten ihre Freundinnen besorgt, »du bist viel zu jung, um in Gram zu vergehen und immer härter zu werden.« Doch Ratna hörte nicht. Stunden verbrachte sie täglich damit, am Fluss zu sitzen und aufs Wasser zu blicken, als könnte sie ihre Liebsten damit wieder zum Leben erwecken. Sie wurde immer trauriger und versteinerte mehr und mehr.

Eines Tages, als sie wieder zu ihrem heiligen Ort am Fluss ging, saß dort ein Mönch. Zuerst wollte sie sich ärgern, dass er einfach ihren Platz eingenommen hatte, doch nicht einmal dafür hatte sie Kraft. Sie setzte sich neben ihn. Schweigend saßen sie eine Weile so da und blickten aufs Wasser. »Schau dir den prächtigen Bambus dort an«, sagte der Mönch ganz unvermittelt und zeigte auf einen beachtlichen Bambuswald in der Nähe. »Die Sonne brennt auf seine Triebe, der Regen peitscht und spaltet seine Blätter, der Sturm biegt seine Stängel und zwingt ihn zu Boden. Und doch reckt er sich nach jedem Unwetter wieder empor und wächst noch kraftvoller in den Himmel«. Ratna sah den Mönch fragend an. »Wir Menschen«, fuhr er fort und blickte ihr in die Augen, »sind wie der Bambus. Die Ereignisse und Unwegsamkeit des Lebens peitschen unsere Körper, verbrennen unsere Herzen und zwingen unsere Seelen in die Knie. Doch wir haben wie der Bambus diese besondere Kraft: Wenn wir uns nicht dagegen wehren, sondern mit der Unwegsamkeit fließen, so wie der Bambus sich im Unwetter biegt, dann werden sie uns vielleicht auf den Boden zwingen. Sie werden uns aber niemals entwurzeln oder brechen können. Bitte vergiss das nicht.« Die Worte des Mönchs trafen Ratna mitten ins Herz und zum ersten Mal seit dem Unglück spürte sie so etwas wie Hoffnung.

Liebe ist eine Sehnsucht

Es war einmal ein Vogel, der allein in einem Käfig lebte. Tag für Tag sang er wunderschöne Lieder, doch niemand hörte ihm zu. Eines Morgens kam ein anderer Vogel angeflogen und setzte sich auf den Käfig. »Ich habe dich singen gehört«, sagte der Vogel. »Du hast eine wunderschöne Stimme. Aber warum singst du allein in diesem Käfig?« »Ich bin hier gefangen«, antwortete der Vogel traurig. »Ich kann nicht fliegen und meine Lieder mit anderen teilen.« »Das tut mir leid«, sagte der andere Vogel. »Aber ich glaube, ich kann dir helfen.« Der Vogel öffnete die Tür des Käfigs und flog hinein. »Komm mit mir«, sagte er. »Ich zeige dir die Welt und zusammen können wir unsere Lieder singen.«

Der gefangene Vogel zögerte zunächst, aber er spürte eine Sehnsucht in seinem Herzen. Die Sehnsucht, seine Lieder mit jemandem zu teilen. Also folgte er dem anderen Vogel aus dem Käfig. Zusammen flogen sie über Berge und Täler, durch Wälder und über Meere. Der einst gefangene Vogel sang seine Lieder und der andere sang mit ihm. Es war eine noch viel schönere Melodie, die jedes Herz berühren konnte.

»Ich verstehe jetzt«, sagte der einst gefangene Vogel. »Liebe ist eine Sehnsucht, die nur erfüllt werden kann, wenn wir uns öffnen und uns mit anderen teilen.« »Ja«, sagte der andere Vogel. »Liebe bedeutet, nicht allein zu sein. Es bedeutet, unsere Herzen zu öffnen und gemeinsam zu singen. Wenn wir das tun, sind wir erfüllt von Freude und innerem Frieden – mehr ist nicht nötig.« Die beiden Vögel flogen weiter und jubilierten, ihre Herzen voller Freude und Liebe. Denn sie wussten, dass sie nie allein sein würden, solange sie ihre Sehnsucht teilten.

Verschwende dich

Die Schule war beendet und Jirki sollte direkt eine Ausbildung beginnen – seine Eltern wollten es so. Er selbst war nicht überzeugt. Er plante, den Frühling zu genießen und nach den ganzen Prüfungen nichts tun. Außerdem wusste er gar nicht, was er werden wollte. Alle Berufe klangen in seinen Ohren langweilig, anstrengend und für den Einsatz seiner kostbaren Zeit viel zu unterbezahlt. »Ich habe keine Lust, mein Leben an etwas zu verschwenden, hinter dem ich nicht stehe. Ich will erst arbeiten, wenn ich etwas gefunden habe, worauf ich hundert Prozent Lust habe«, sagte er dem Vater.

Die Eltern waren enttäuscht. Sie wollten ihren Sohn nicht zwingen, träumten aber davon, dass auch er sich in die Dorfgemeinschaft einbrachte, wie alle. »Es ist ein herrlicher Tag, lass uns eine Wanderung machen«, sagte der Vater zu Jirki. Die beiden Männer liefen los, durch wunderschöne Landschaften, vorbei an grünen Feldern, duftenden Wiesen und herrlichen Aussichten. An einem See ließen sie sich nieder. Um sie herum summte und surrte es und die Blüten der zahlreichen Blumen und Sträucher verströmten einen betörenden Duft. »Ist es nicht herrlich hier?«, fragte der Vater und zeigte auf die schier explodierende Natur. »Schau nur, was um uns herum passiert: Wenn die Zeit für sie gekommen ist, nach dem Winter zu erwachen, verschwendet sich die Natur ganz ohne Gegenleistung bis zur Neige. Sie hat keine Angst, sich zu vergeuden. Jedes einzelne Lebewesen gibt voller Freude sein Bestes, als wüsste es, wie wichtig es für die anderen ist. Auch unser Dorf ist so eine Gemeinschaft. Auf jeden Einzelnen kommt es an. Überleg doch noch mal, Jirki, ob du nicht einfach mal etwas ausprobieren möchtest, anstatt nichts zu tun. Vielleicht kommt die Lust daran beim Tun?!«

Der Tanz des Lebens

Radesh liebte das Leben im buddhistischen Kloster. Er war sehr diszipliniert und verbrachte den Großteil seiner Tage damit, zu meditieren und heilige Schriften zu studieren. Eines Tages beobachtete er eine Gruppe von Kindern vor seinem Fenster, die fröhlich tanzten und sangen. Er war fasziniert von ihrer Leichtigkeit und Freude und folgte spontan seinem inneren Impuls, sich ihnen anzuschließen. Er spürte, wie seine Füße anfingen, sich zu bewegen und sein Herz sich mit Freude füllte. Die Kinder tanzten durch die Straßen des Dorfes und Radesh folgte ihnen, als ob er fliegen würde. Sie sangen und lachten und alle Menschen, denen sie begegneten, schlossen sich ihnen an. Radesh spürte, wie seine Seele aufleuchtete und er verstand, dass das Leben ein großer Tanz war. Dieses Gefühl hatte ihm immer gefehlt! Große Dankbarkeit füllte sein Herz.

Als der Tanz zu Ende ging, kehrte Radesh in das Kloster zurück und setzte sich wieder zur Meditation. Doch diesmal war alles anders: Er meditierte mit einer neuen Leichtigkeit und Freude. Als die anderen Mönche ihn fragten, was ihm widerfahren war, antwortete er: »Ich habe den Tanz des Lebens entdeckt. Ich habe erkannt, dass das Leben ein Geschenk ist und dass wir es mit Freude und Leichtigkeit leben sollten.« Von diesem Tag an begann Radesh, das Dasein mit anderen Augen zu sehen. Er tanzte durch jeden Tag und half anderen, ihre Freude und Leichtigkeit wiederzufinden.

Die Weichheit des Fließens

Mohit war Schüler in einem kleinen Kloster im Tal. Hier war er glücklich und studierte die Lehren des Buddhismus. Aber er hatte ein Problem: Er konnte nicht schlafen. Sein Kissen war hart und unangenehm, und er verbrachte die Nächte damit, sich hin und her zu wälzen. Nach einem neuen zu fragen, war ihm unangenehm. Sein Meister beobachtete schon länger, wie müde Mohit war, und fragte ihn eines Tages nach dem Grund. Mit gesenktem Blick antwortete er: »Mein Kissen ist so hart, dass ich nicht schlafen kann.« Der Meister lächelte sanft und sagte: »Komm mit mir.« Sie gingen zu einem nahegelegenen Fluss und der Meister zeigte auf das Wasser. »Siehst du das Wasser? Es fließt sanft und ohne Widerstand. Es gibt nach und passt sich an alles an, was auf seinem Weg kommt.« Der Meister nahm eine Handvoll Kieselsteine und warf sie ins Wasser. »Siehst du, wie das Wasser die Steine umfließt und sich anpasst?«, fragte er. »Ja, Meister«, antwortete Mohit. »Dasselbe gilt für das Leben«, fuhr der Meister fort. »Wenn du hart wie ein Stein bist, wirst du leiden und dich unwohl fühlen. Aber wenn du weich wie das Wasser bist, bleibst du biegsam und flexibel und wirst mit Leichtigkeit durch das Leben fließen.«

Mohit verstand die Weisheit seines Meisters und erkannte, dass er sein Kissen nicht ändern musste, sondern seine Einstellung dazu. Er begann, sich zu entspannen und weicher zu werden, wie das Wasser im Fluss. Von diesem Tag an schlief Mohit jeden Tag etwas tiefer und friedlicher auf seinem harten Kissen.

Die Opfergabe

Noah lebte in einem abgelegenen buddhistischen Kloster im Himalaya. Eines Tages fragte er seinen Lehrer: »Meister, ich möchte eine Opfergabe machen, aber ich habe nichts zu geben. Was soll ich tun?« Der weise Meister lächelte und antwortete: »Noah, eine Opfergabe muss nicht teuer sein oder aus kostbaren Materialien bestehen. Es geht um die Absicht und das Opfer, das du bereit bist zu bringen.« »Aber«, fragte er, »Wie kann ich ein Opfer bringen, wenn ich nichts habe?« »Du hast immer etwas zu geben, Noah«, sagte der Meister. »Vielleicht hast du ein paar Münzen, die du einem Bedürftigen geben kannst. Oder du könntest deine Zeit und Energie nutzen, um anderen zu helfen. Jede Handlung, die du aus Liebe und Mitgefühl tust, ist eine Opfergabe.«

Noah dachte über die Worte seines Meisters nach und beschloss, einen Tag lang durch das nahegelegene Dorf zu gehen und nach Menschen Ausschau zu halten, denen er helfen konnte. Er fand eine alte Frau, die ihre Wäsche alleine waschen musste und unterstützte sie dabei. Er half einem Kind, das auf der Straße gestolpert war, wieder auf die Beine. Er kaufte einem hungernden Hund eine Schüssel Essen. Am Ende des Tages kehrte Noah zum Kloster zurück und erzählte seinem Meister von all seinen Taten. Der Meister lächelte und sagte: »Du hast heute viele Opfergaben gemacht, Noah. Und das Wichtigste ist, dass du sie mit deinem Herzen gegeben hast. Deine Taten sind wie Samen, die du gepflanzt hast. Sie werden Früchte tragen, die du vielleicht nie sehen wirst, aber die Welt wird dadurch besser werden.« Noah fühlte sich stolz und erfüllt und wusste, dass er immer etwas zu geben hatte.

Einladung zum Tee

Der junge Mönch Anando war auf dem Weg zu einem alten Zen-Meister, um von ihm zu lernen. Der weise Meister begrüßte ihn freundlich und lud ihn zu einer Tasse Tee ein. Er füllte die Tasse, aber er stoppte nicht, als sie voll war. Stattdessen goss er weiter, sodass die dampfende Flüssigkeit über den Rand und auf den Tisch strömte.

Anando konnte nicht anders, als zu fragen: »Meister, warum füllst du die Tasse und lässt sie überlaufen?« Der Meister antwortete: »Anando, diese Tasse symbolisiert dein Leben. Wenn du nicht aufhörst, dich zu füllen, wirst du wie die Tasse überlaufen und nichts wird bleiben, was du verwenden könntest. Wenn du auf der anderen Seite dein Leben nicht voll genug füllst, wirst du nie genug haben, um es zu genießen. Du musst das Gleichgewicht finden.«

Anando staunte über die Lektion und fragte: »Aber wie kann ich das Gleichgewicht finden, Meister?« Der Meister lächelte und antwortete: »Indem du deinem Herzen folgst und das Leben so annimmst, wie es kommt. Lerne aus deinen Fehlern und sei dankbar für jede Herausforderung, die dir begegnet. Denn es ist durch diese Herausforderungen, dass du wächst und zu einem weisen und mitfühlenden Wesen wirst.«

Anando dankte dem Meister für seine Weisheit. Als er an diesem Nachmittag seine Tasse Tee leerte, tat er dies mit dem Bewusstsein, dass er sein Leben mit Bedacht und Dankbarkeit füllen würde.

Starke Wurzeln

Jamal war auf der Suche nach Weisheit und Erleuchtung, als er den weisen buddhistischen Mönch Himal traf, der ihm eine Geschichte erzählte, die seine Sichtweise auf das Leben verändern sollte: »Vor langer Zeit gab es einen Baum mit tiefen Wurzeln, der in einem wunderschönen Garten wuchs«, begann Himal. »Der Baum war so groß und stark, dass er den Himmel berührte und den ganzen Garten beschattete. Jeder der ihn sah, war voller Bewunderung. Aber eines Tages kam ein Sturm und riss den Baum aus seiner Verankerung. Der mächtige Stamm fiel krachend auf den Boden und die Wurzeln lagen bloß.«

»Aber warum ist das wichtig?«, fragte Jamal. »Das ist wichtig, weil es zeigt, dass das Fundament des Baumes – seine Wurzel – nicht stark genug war, um ihn aufrecht zu halten«, antwortete Himal. »Das Gleiche gilt für uns. Wenn wir unser Leben auf instabilen Wurzeln aufbauen, werden wir immer wieder fallen. Wir müssen unser Fundament stark machen, indem wir uns auf die Lehren Buddhas und auf unsere eigenen inneren Qualitäten konzentrieren.«

Jamal dachte über die Worte von Himal nach und fragte schließlich: »Aber wie mache ich meine Wurzeln stark?« Himal lächelte und antwortete: »Indem du dich auf das Wesentliche konzentrierst und deine eigenen inneren Qualitäten entwickelst. Dazu gehören Mitgefühl, Weisheit und Tugendhaftigkeit. Wenn du deine Wurzeln stark machst, wirst du standhaft bleiben, egal welcher Sturm im Leben auf dich zukommt.«

Die Worte von Himal berührten Jamals Herz und er wusste, dass er damit den Weg zur Erleuchtung gefunden hatte. Er widmete sein Leben den Lehren Buddhas und stärkte seine Wurzeln jeden Tag aufs Neue, um standfest ein erfülltes Leben zu führen.

Der innere Kompass

Avan wollte die buddhistischen Lehren verinnerlichen und ging auf eine Reise in Richtung Meer. Unterwegs traf er einen alten Weisen, der ihm eine Geschichte erzählte: »Es war einmal ein Fischer, der jeden Tag hinaus aufs Meer fuhr, um seine Netze auszuwerfen. Eines Tages jedoch geriet er in einen heftigen Sturm und verlor die Orientierung. Seine Karte und sein Kompass waren ihm keine Hilfe mehr, denn sie waren mit einer gigantischen Welle über Bord gegangen. Er trieb tagelang umher, ohne zu wissen, wo er sich befand oder wie er nach Hause zurückkehren konnte. Schließlich erinnerte er sich, dass er einen Kompass in sich hatte: eine innere Stimme, die ihm immer zur Seite stand und ihm Richtung und Orientierung gab. Es gelang ihm, sich einen Augenblick still hinzusetzen, den Geist zur Ruhe kommen zu lassen und tief zu atmen. Er konzentrierte sich auf sein Herz und lauschte in sich hinein. Er war sicher: Seine innere Führung würde ihm den Weg weisen. Und so war es: Als die Stimme der Angst und der Sorge still wurde, konnte er den inneren Kompass deutlich wahrnehmen. Sicher und direkt leitete ihn seine Intuition zurück ans Ufer.«

Der Weise schwieg einen Augenblick, damit Avan verstand. Dann fuhr er fort: »Genau wie der Fischer haben auch wir alle einen inneren Kompass, der uns den Weg weist, wenn wir uns verirren. Wenn wir lernen, auf ihn zu hören, werden wir unseren Weg durch das Leben finden und uns nie verloren fühlen.«

Avan war tief berührt von dieser Geschichte und erkannte, dass er in seinem eigenen Leben oft den falschen Weg eingeschlagen hatte, weil er nicht auf seinen inneren Kompass hörte. Das wollte er ändern! Von nun an vertraute er in allen Lebensfragen auf seine Intuition.

Der goldene Käfig

Benji und Sara galten im Dorf als Traumpaar. Die beiden waren nicht nur verliebt, sondern auch unzertrennlich. Da wo Benji war, war auch Sara und umgekehrt. Niemals sah man einen von ihnen alleine auf der Straße. Schließlich krönten beide ihre Liebe mit einer wunderschönen Hochzeit, die auch ihre Familien sehr glücklich machte. Die Monate vergingen, doch plötzlich veränderte sich etwas. Sah man Sara jetzt an der Seite von Benji auf der Straße, strahlte sie nicht mehr so wie einst. Trafen sie Bekannte, war immer er es, der sprach, sie hielt den Blick gesenkt. Auch dem Vater von Sara fiel das auf, doch als er sie darauf ansprach, schwieg sie betroffen.

Weil er ein gutes Verhältnis zu seinem Schwiegersohn hatte, wollte er ihn in einem Vier-Augen-Gespräch befragen. »Es schmerzt mich, meine Tochter und euch so zu sehen«, sagte er. »Was kann ich für euch tun, dass ihr wieder strahlt?« »Ach«, sagte Benji, »ich bin auch unglücklich, dass sie so traurig wirkt, obwohl sie alles und noch mehr hat. Aber es ist so: Sara ist so wunderschön und ich liebe sie so sehr, ich möchte nicht, dass sie ihr zauberhaftes Wesen an andere verschwendet, ihr Lachen und die Freude einfach so verschenkt. Ich habe mit ihr gesprochen und da sie mich liebt, hält sie sich daran.« »Aber Benji«, sagte Saras Vater, so ruhig es ihm möglich war. »Siehst du nicht, dass du Sara in einem goldenen Käfig hältst? Sperrst du dort einen Singvogel ein, verkümmert er und wird irgendwann verstummen. So ist es auch mit Sara. Ich bitte dich, gib ihr wieder Raum und Luft zum Atmen und Entfalten. Die Liebe lässt sich nicht einkerkern. Du würdest sie verlieren. Nur was du freilässt, kann zu dir kommen und bei dir bleiben.«

Sei einverstanden mit Dir

James, ein wohlhabender und angesehener Geschäftsmann, fühlte sich ausgebrannt und kraftlos. Seine Arbeit, die Familie – überhaupt alle Aufgaben zehrten an ihm, sodass er kurz vor einem Zusammenbruch stand. Er zog die Notbremse und wollte sich einen Traum erfüllen: für ein halbes Jahr aus dem Hamsterrad aussteigen, zur Ruhe kommen und die Stille eines Klosters genießen, dabei keine Verpflichtungen haben. Wunderbar malte er sich das aus. Doch in dem kleinen Bergkloster angekommen, stellte er fest, dass er etwas blauäugig war: Er fiel aus allen Wolken, als er ohne eigenes Zimmer oder Bett schlafen sollte oder nur einmal am Tag essen durfte und sein Alltag auch sonst streng reglementiert war. Dafür gab es viel Zeit allein und in Stille für Kontemplation. Jedoch, was von außen einfach aussah, wollte ihm einfach nicht gelingen: abzuschalten. Von 100 auf null – das schaffte er einfach nicht. In seinem Kopf arbeitete es ununterbrochen – umso mehr, je stärker er dagegen anging.

»Gib dir Zeit«, beruhigten ihn die Mönche, als er schon aufgeben wollte. »Vor dir sind schon viele den Weg gegangen. Der Schlüssel heißt: Akzeptanz. Akzeptiere jeden Gedanken, der sich zeigt, sei ohne Ausnahme einverstanden mit allen hochkommenden Emotionen und lass sie dann ziehen. Es ist dein Widerstand, der dein Leid vergrößert.« Die Worte trafen James mitten ins Herz, hatte er sich doch so sehr bemüht, mit seiner sonst so effektiven Disziplin gegen seine Gedanken anzukämpfen, damit sie nur still seien. Das nun sollte das ganze Geheimnis sein? »Du musst etwas anders machen, wenn du dich verändern willst«, fuhren die Mönche fort. »Übe dich in Akzeptanz dessen, was sowieso da ist und dein Lohn wird dein innerer Frieden sein.«

Der außergewöhnliche Wachhund

Ein junger Schafbauer hatte einen Hofhund, den er sehr mochte und für den er sehr bewundert wurde. Damit er Haus und Hof bewachen konnte, hatte er ihn tagsüber an einer Kette, nachts schlief er in einem Zwinger – so wie es seit jeher üblich war. So besonders dieser Hund war, so schlecht machte er seine Arbeit: Er vertrieb Fremde nicht vom Hof, verfiel oft in Lethargie und freute sich nur, wenn der Bauer mit den Schafen an ihm vorbeiging. Trotzdem behielt er ihn und hoffte jeden Tag, dass er ein besserer Wachhund würde.

Eines Abends entwischte ihm das Tier. Der Bauer rief und fluchte, aber der Hund blieb verschwunden. Auch am nächsten Morgen war nichts von ihm zu sehen, als der Bauer zu den Schafen auf der entfernten Weide beim Fluss ging.

Plötzlich erschrak er – was war denn das? Die Schafe standen, anstatt über die gesamte Fläche verteilt zu grasen, eng zusammengedrängt auf einem Fleck und bewegten sich plötzlich im Pulk langsam über die Koppel. Und da war ja auch der Hund! Als hätte er nie etwas anderes gemacht, brachte er die Schafe sicher und vorsichtig zusammen und trieb sie langsam und konzentriert in eine von ihm gewählte Richtung. Der Bauer verstand plötzlich: »Was habe ich mir nur dabei gedacht, meinen Hund von Anfang an als Wachhund an die Kette zu legen, ohne zu prüfen, wo seine größten Talente sind? Als Wachhund mag er absolut ungeeignet sein, aber als Hütehund ist er mir Gold wert. Und … ist es mit uns Menschen nicht genauso? Müssen wir etwas tun, was uns nicht liegt, verkümmern wir. Dürfen wir aber zeigen, was in uns steckt, dann sind wir außergewöhnlich.« Von diesem Tag an setzte der Bauer seinen besonderen Hund nur noch als Hütehund ein und beide wurden zu einem unschlagbaren Team.

Die große Sehnsucht

Sonam hatte es in frühester Jugend aus beruflichen Gründen in die Stadt verschlagen. Seit Jahrzehnten nun lebte er hier, fühlte sich mittlerweile aber immer mehr von der Natur abgeschnitten. Sie fehlte ihm so sehr, dass er beschloss, in die Berge zu gehen, um Antworten zu finden, was er gegen diese Sehnsucht tun könne – denn umziehen war keine Option.

In der Einsamkeit der Berge traf er auf einen alten Mönch. Der erklärte Sonam, dass die Natur der Spiegel der Seele sei und dass ihre Schönheit und Einfachheit den Menschen wieder zu sich und sogar auf den Weg zur Erleuchtung führen könnten. »Das«, sagte der Mönch, »ist der eigentliche Grund deiner Sehnsucht: Du sagst, du fühlst dich von der Natur abgeschnitten, aber im Kern hast du dich von dir selbst entfernt.« Er riet Sonam, wann immer er konnte, die Natur zu studieren und erklärte ihm, dass dies auch in der Stadt – in einem Park oder aber auch mit nur einem Baum – möglich sei. Also begann Sonam die Pflanzen und Tiere vor seiner Haustür zu beobachten und bei ihnen zu meditieren. Sie halfen ihm, seinen Geist zu beruhigen und sich auf das Wesentliche zu konzentrieren. Schließlich erkannte er, dass auch er, wie alle Menschen, ein Teil ist von ihr und ihren Kreisläufen und dass die Liebe, die er dadurch fühlte, seine wahre Natur war.

So fand Sonam in der Stadt zu innerem Frieden und wurde wieder glücklich. In die Natur ging er immer noch gerne, aber jetzt ohne diese übermächtige Sehnsucht und das Gefühl, am falschen Platz zu wohnen. Er wusste: Die Natur ist in ihm und er ist untrennbar ein Teil der Natur.

Die Sonne und die Wahrheit

Es war einmal ein junger Mönch, der bei einem Meister studierte, um die buddhistischen Lehren zu verstehen. Der Meister erklärte dem Schüler: »Vergiss nie: Die Wahrheit ist wie die Sonne. Sie ist immer da, aber manchmal von Wolken verdeckt.«

Der Schüler verstand den Sinn der Botschaft seines Meisters und beschloss ab sofort immer und überall die Wahrheit hinter den Dingen zu suchen. Er begann bei sich selbst, wie ihm der Meister geraten hatte: Mit großer Freude beobachtete er wie ein Detektiv seine Gedanken und auch seine Emotionen. Ohne Wertung lauschte er, was es in ihm so dachte. Wie viel Verurteilung lag da noch in seinen Gedanken? Welche entsprangen einer Angst, aus welchen sprach die Liebe? Anfangs fiel es ihm nicht leicht, achtsam und wertfrei gegenüber sich selbst zu bleiben. Je mehr er jedoch übte, umso besser gelang es ihm und umso mehr Spaß fand er daran. Er enttarnte dabei nicht nur seine inneren Wolken, schaute dahinter und konnte so Frieden mit sich und der Welt schließen. Vielfach konnte er die Wolken sogar wegschieben, indem er sein Denken veränderte, und gab der Wahrhaftigkeit damit ihre ganze Strahlkraft zurück.

So viel Freude und inneren Frieden fand der Schüler darin, dass er sich bald nichts mehr wünschte, als so vielen Menschen wie möglich von diesem »Trick« zu erzählen. Er beschloss, sein Leben ganz und gar der Suche nach der Wahrheit und der Beseitigung der »Wolken« in den Herzen und Köpfen anderer zu widmen, damit auch sie die Sonne der Wahrheit sehen konnten.

Von der inneren Schönheit

Es war einmal ein junger, attraktiver Mann namens Samir, der in einem kleinen Örtchen am Fuße eines Berges lebte. Eines Tages begegnete er der wunderhübschen Lila aus seinem Nachbardorf. Er war sofort von ihrem atemberaubenden Anblick fasziniert und fragte sie direkt, ob sie ihn heiraten würde. So eine schöne Frau wäre perfekt für ihn und sein Ansehen im Dorf. Doch Lila wich zurück und antwortete: »Ich kann dich nicht heiraten, weil ich nicht – wie du – nur nach äußerer Schönheit suche. Ich möchte einen Mann, der mich auf Herzensebene versteht und respektiert.«

Samir wurde noch nie abgewiesen. Er war enttäuscht und fragte einen alten buddhistischen Mönch um Rat. Der Mönch erzählte ihm die Geschichte von einem Mann, der in einen Fluss fiel und abgetrieben wurde. Der Mann versuchte verzweifelt, sich an einem Felsen festzuhalten, aber das Wasser drückte ihn immer weiter weg. Irgendwann löste der Mann seinen Griff und ließ sich einfach treiben. Er fand, dass das Wasser ihn schließlich an einen sicheren Ort führte. Der Mönch fuhr fort: »Lass deine Liebe zu Lila nicht an deiner eigenen Vorstellung von äußerer Schönheit scheitern. Halte nicht daran fest. Die Liebe muss fließen wie der Fluss, ganz im Vertrauen darauf, dass sie dich an den richtigen Ort führen wird.« Samir verstand und beschloss, Lila nicht nur nach ihrer Schönheit zu beurteilen. Er wollte sie näher kennenlernen, denn es war ihm wirklich etwas an ihr gelegen. Er begann, sich für ihre Gedanken und Gefühle zu interessieren und ihr zuzuhören. Sie hatten wundervolle, tiefe Gespräche. Er entdeckte ihre einzigartige, warme, herzliche Persönlichkeit, die er zuvor nicht gesehen hatte. Die beeindruckte ihn noch mehr als ihre äußere Schönheit, denn wahre Liebe geht tiefer. Lila bemerkte Samirs Veränderung und erkannte, dass er sie auch auf Herzensebene verstand und ihre innere Schönheit über ihre äußere stellte. Sie verliebte sich in ihn und nahm schließlich seinen Heiratsantrag an.

Die Lektion des Mandalas

Ein junger Mönch in einem buddhistischen Kloster war sehr begabt in der Erschaffung von Mandalas – einer heiligen Kunstform, die aus Sand gezeichnet wird. Er verbrachte Stunden damit, winzige Sandkörnchen sorgfältig in die perfekte Form zu bringen, um ein Mandala zu erschaffen, das den Buddha darstellte. Eines Tages fragte ihn ein anderer Mönch: »Warum verbringst du so viel Zeit damit, Mandalas zu zeichnen? Was ist der Sinn dahinter?« Der junge Künstler antwortete: »Jedes Mandala repräsentiert das Universum und den Kreislauf des Lebens. Es ist eine Übung in Achtsamkeit und Konzentration, um den Geist zu beruhigen und innere Ruhe zu finden. Es macht mir große Freude und hilft mir, mein Bewusstsein zu schulen.«

Ein paar Tage später, als das neueste Mandala gerade fertiggestellt war, kam ein Wind auf und zerstörte das Werk mit einer Böe komplett. Der junge Mönch war traurig, aber er wusste auch: Es ist in Ordnung so. Das Mandala war nie für immer gedacht. Es ist ein Symbol dafür, dass alles im Leben – wie auch das Leben selbst – vergänglich ist und wir uns nicht an etwas klammern sollten, das unvermeidlich vergehen wird. Stattdessen sollte das Leben in seiner Ganzheit akzeptiert werden. Genau wie ein Mandala: Es wird gezeichnet, bewundert und dann zerstört. Aber der Geist, der es gezeichnet hat, wird immer weiter existieren.

Die vielen Pfade

Amrita liebte es, unterwegs zu sein. Der Mönch hatte sich der Wanderschaft verschrieben, um möglichst vielen Menschen den Buddhismus nahezubringen. Als er eines Tages in einen kleinen Ort kam, hatte sich sein Kommen schon herumgesprochen: Eine größere Menschenmenge versammelte sich bereits auf dem Dorfplatz. Die Menschen wollten seinen Worten lauschen und hatten viele Fragen. Bevor er jedoch anfing zu sprechen, bemerkte Amrita eine kleine Gruppe junger Männer, die sich lautstark unterhielt. Die Männer konnten sich nicht darüber einigen, welcher Pfad des Buddhismus der richtige sei. Einige glaubten, dass der Theravada-Weg der einzige sei, während andere den Vajrayana-Weg, dritte wieder den Zen-Weg bevorzugten. Jeder von ihnen glaubte sich im Recht.

Amrita hörte ihnen zu und dachte einen Augenblick über ihre Worte nach. Schließlich sagte er: »Jeder Pfad führt zur Erleuchtung. Doch jeder einzelne von euch muss seinen eigenen Weg dahin finden. Das Wichtigste dabei ist, dass ihr euch überhaupt auf die Reise begebt und das Ziel nicht aus den Augen verliert.«

Das beruhigte die Männer schnell, denn sie merkten, dass sie sich mit ihrer Streiterei voneinander entfernten. Statt Toleranz zu üben, schufen sie Leid. Und das, obwohl sie doch das gleiche Ziel hatten: das Ende von Leid für sich und andere. Die jungen Männer umarmten sich und waren erleichtert über ihre neu gewonnene Erkenntnis, die jeden von ihnen auf seinem ganz individuellen Weg ein großes Stück weiterbrachte.

Abneigung als Chance

Raldri lebte als Mönch in einem buddhistischen Kloster. Eines Tages bat ihn sein Meister, einen wichtigen Gast aus einem anderen Kloster zu empfangen und zu betreuen. Dieser Mönch war bekannt für seine laute und oft respektlose Art. Raldri fühlte sich sehr unbehaglich bei dem Gedanken, da er ihn in der Vergangenheit kennengelernt hatte und ihn nicht mochte. Er wusste jedoch, dass er die Aufgabe, die sein Meister ihm mit der Betreuung übertragen hatte, mit Achtsamkeit und Hingabe annehmen sollte. Also begrüßte Raldri den Besucher mit einem Lächeln und bot ihm Tee an. Der jedoch lehnte das Angebot ab und begann stattdessen lautstark über verschiedene Themen zu sprechen, die Raldri nicht interessierten. Obwohl er versuchte, höflich zu bleiben, konnte er spüren, wie sein Ärger und Unbehagen wuchsen. Schließlich fragte der Gast: »Warum bist du so ruhig? Sprichst du nicht gerne mit mir?« Raldri antwortete: »Es tut mir leid, Ehrwürdiger, ich habe einfach Schwierigkeiten damit, Ihre Art zu akzeptieren.« Zu Raldris Überraschung lächelte der Gast und sagte: »Ich verstehe. Aber erinnere dich, dass unsere Schwächen uns lehren, geduldig und mitfühlend zu sein. Ich bin vielleicht nicht perfekt, aber ich arbeite daran, ein besserer Mönch zu werden. Du kannst auch lernen, deine Abneigung zu überwinden und deine Geduld zu stärken.« Diese Worte berührten Raldri, hatte er den Besucher doch eher für unsensibel gehalten. Er erkannte, dass seine Abneigung ein Hindernis für das eigene spirituelle Wachstum war. Er begann, sich bewusst zu bemühen, seine Geduld und sein Mitgefühl zu kultivieren, auch wenn es schwierig war. Das offene Gespräch hatte einiges bewirkt, denn im Laufe der Zeit begann Raldri, den Besucher besser zu verstehen und seine Gesellschaft schließlich sogar zu genießen. Er lernte, dass jeder Mensch seine eigenen Schwächen hat und dass es wichtig ist, Verständnis und Mitgefühl zu zeigen. Von diesem Tag an war Raldri entschlossen, seine Abneigungen zu überwinden und sich auf das zu konzentrieren, was er mit anderen teilen konnte, anstatt auf das, was ihn von ihnen trennte.

Das Lächeln des Schmetterlings

Es war einmal ein kleiner Schmetterling, der sich von Blume zu Blume auf den Wiesen und Feldern bewegte. Eines Tages, als er gerade dabei war, eine Blüte zu besuchen, hörte er eine Stimme. »Kleiner Schmetterling«, sagte die Stimme. »Warum lächelst du?« Der Schmetterling sah sich um, konnte aber niemanden sehen. »Wer spricht da?«, fragte er. »Ich bin hier«, antwortete die Stimme. Auf einer Nachbarblüte entdeckte der Schmetterling eine kleine Raupe, die vorsichtig unter einem Blütenblatt hervorlugte. »Ich frage mich nur, warum du lächelst, wenn du von Blume zu Blume fliegst.« Der Schmetterling dachte darüber nach. »Ich lächle, weil ich das Leben genieße«, sagte er schließlich. »Ich liebe es, so frei zu sein und die Schönheit der Natur zu erleben.« »Aber was ist mit all den Gefahren?«, fragte die Raupe. »Was ist, wenn du von einem Vogel gefangen wirst oder in einen Sturm gerätst? Bald bin ich auch ein Schmetterling und ich fürchte mich davor.« »Das sind Risiken, die ich eingehen muss«, sagte der Schmetterling. »Ich kann nicht vor ihnen weglaufen. Aber ich kann wählen, glücklich zu sein und das Leben zu genießen, solange ich kann.«

Die Raupe schwieg einen Moment. »Du hast recht«, sagte sie schließlich. »Das Leben ist kurz, und wir müssen das Beste daraus machen. Aber es ist nicht einfach, das Glück zu finden.« »Das Glück ist da, wo wir es suchen«, sagte der Schmetterling. »Es liegt in den kleinen Dingen wie dem Geruch der Blumen oder dem Gefühl des Windes auf unseren Flügeln. Es liegt darin, das Leben in vollen Zügen und ohne Angst zu genießen und dankbar zu sein für alles, was wir haben.« Die Raupe lächelte. »Danke, kleiner Schmetterling«, sagte sie. »Du hast mich daran erinnert, dass das Glück immer in uns ist, wenn wir es nur finden wollen. Jetzt freue ich mich darauf, wenn meine Zeit gekommen ist.« Und so flog der Schmetterling wieder von Blume zu Blume und lächelte weiterhin glücklich vor sich hin.

Die Ameise und die Schlange

Der Mönch Tashi liebte es, in der Natur seine Meditation zu vertiefen. Eines Tages bei seiner täglichen Praxis bemerkte er eine Ameise, die in einer Pfütze gefangen war und verzweifelt um ihr Leben kämpfte. »Tashi, Tashi«, flehte die Ameise, »bitte hilf mir! Ich ertrinke!« Tashi fühlte tiefes Mitgefühl mit dem kleinen Tier und zögerte nicht, es aus dem Wasser zu retten. Er nahm einen Zweig und reichte ihn der Ameise, die sich daran festhielt und so ins Trockene gelangte. In der darauffolgenden Nacht hatte Tashi einen Traum. Er sah eine Schlange, die von einem Rudel Hunde angegriffen wurde und um ihr Leben kämpfte. Doch als die Schlange ihn um Hilfe bat, zögerte Tashi. »Warum hilfst du mir nicht, Tashi?«, fragte die Schlange. »Ich kann dir nicht helfen, du bist eine Schlange und ich fürchte mich vor dir«, antwortete Tashi. Die Schlange erwiderte: »Aber du hast der Ameise geholfen, obwohl sie genauso ein Lebewesen ist wie ich. Was ist der Unterschied zwischen uns?« Tashi schreckte aus dem Schlaf und erkannte schlagartig den Fehler seiner Denkweise.

Ab diesem Moment schwor er, jedem Wesen mit Mitgefühl und Empathie zu begegnen. Er half Vögeln, die in Büschen gefangen waren und gab streunenden Hunden und Katzen Futter und Wasser. Er wurde zum Vorbild für seine Mitmenschen, die seine Güte erkannten und seine Lehre weit verbreiteten: Jedes Lebewesen, ob groß oder klein, verdient, mit Mitgefühl und Wohlwollen behandelt zu werden.

Wer wagt, gewinnt

Es war einmal ein junger Mann namens Raj, der in einem abgelegenen Dorf eine Ausbildung als Gerber machte. Obwohl er ein geschickter Schüler war, litt Raj unter der strengen Behandlung durch seinen Lehrer, einem älteren Mann namens Ajit. Ajit erhob oft seine Stimme gegen Raj und warf ihm sogar vor, faul und ungehorsam zu sein. Er benutzte Raj auch oft als persönlichen Diener und verlangte von ihm, seine Aufgaben zu erledigen, ohne dass Raj jemals eine Pause bekam. Eines Tages brach Raj zusammen und konnte nicht mehr weitermachen. Er beschloss, Ajit darauf anzusprechen, wie sehr er unter seinem Verhalten litt. »Ajit, ich fühle mich nicht wohl, wenn du mich anschreist und mich nicht respektierst. Ich tue mein Bestes, um ein guter Schüler zu sein, aber ich brauche deine Unterstützung und Anleitung, nicht deine Kritik und dein Misstrauen«, sagte Raj und seine Stimme zitterte.

Zu seiner Überraschung hörte Ajit ihm zu und sah ihm in die Augen. Der Gerber überlegte, dann sagte er: »Raj, ich bin dir dankbar, dass du mir das gesagt hast. Ich hatte keine Ahnung, dass ich dich so verletzt habe. Ich werde meine Handlungen ändern und dir die Wertschätzung und den Respekt geben, den du verdienst.« Raj spürte eine immense Erleichterung und Freude, dass er sich endlich getraut hatte, seine Gefühle auszudrücken. Er wusste, dass die Heilung der Beziehung zu Ajit noch eine Weile dauern würde, aber er war bereit, weiterhin hart zu arbeiten und zu wachsen, mit Ajit als seinem Lehrer und nicht als Feind.

Und so lernte der Schüler eine wertvolle Lektion darüber, wie wichtig es ist, für sich selbst einzustehen und seine Gefühle auszudrücken, selbst unter den schwierigsten Umständen. Er erkannte auch, dass jeder Mensch das Potenzial hat, sich zu ändern und zu wachsen, wenn er bereit ist, Verantwortung für sein Verhalten zu übernehmen und seine Fehler anzuerkennen.

Die Glückskatze

Es war einmal eine kleine Glückskatze, die im Tempel lebte. Jeden Tag saß sie still und zufrieden auf einem Regal, während die Gläubigen vorbeikamen und Gebete sprachen. Die Glückskatze schenkte jedem von ihnen ein Lächeln und spürte, wie ihre Energie und ihr Glück auf die Menschen überging.

Eines Tages kam ein Mann in den Tempel, der sehr traurig und verzweifelt war. Er hatte alles verloren, was ihm wichtig war, und wusste nicht mehr, wie er weiterleben sollte. Er kniete vor der Glückskatze nieder und sagte: »Oh, weise Katze, ich bin so verloren und allein. Bitte hilf mir, meine Trauer zu überwinden und mein Leben wieder aufzubauen.« Die Glückskatze antwortete mit einem sanften Miauen: »Mein lieber Freund, ich kann dir helfen, aber zuerst musst du verstehen, dass das Glück nicht von äußeren Umständen abhängt, sondern von der Haltung deines Geistes. Du musst lernen, dich auf das Positive im Leben zu fokussieren und dankbar zu sein für das, was du hast, statt dich auf das zu konzentrieren, was du verloren hast.« Der Mann war irritiert. »Aber wie soll ich das tun? Ich habe nichts mehr, wofür ich dankbar sein kann.« Die Glückskatze antwortete: »Denk daran, dass du am Leben bist und dass jeder Tag eine Chance ist, etwas Neues zu schaffen. Sei dankbar für das Licht der Sonne, das Essen auf deinem Teller und die Freunde, die du hast. Konzentriere dich auf das Positive und du wirst sehen, dass das Glück zu dir zurückkehrt.«

Der Mann verstand die Worte der Glückskatze und bemühte sich sehr, seine Haltung zu ändern. Er konzentrierte sich auf das Positive in seinem Leben und begann, kleine Schritte in Richtung Heilung zu machen. Mit der Zeit kehrte das Glück zu ihm zurück, und er fand wieder Freude und Sinn in seinem Leben. Die Glückskatze lächelte und dachte bei sich: »Das Glück liegt in uns allen, wir müssen nur lernen, es zu finden.«

Atmen für inneren Frieden

Die abgeschiedene Hütte in den Bergen war der perfekte Meditationsort für Niro. Der junge Mönch liebte die Stille und die Einsamkeit dort. Eines Tages, während er in seine Praxis vertieft war, wurde er von einem heftigen Gewitter überrascht. Donner und Blitz erschütterten die Hütte, und der Wind heulte und rüttelte an Fenstern und Türen. Niro bemerkte, dass sein Atem unregelmäßig und flach wurde und Furcht in ihm aufstieg. Inmitten des Chaos hörte Niro plötzlich in seinem Inneren eine sanfte Stimme: »Atme tief und langsam«. Er folgte der Stimme und begann, seinen Atem bewusst zu regulieren. Er atmete ruhig ein und langsam aus. Sein Körper und Geist entspannten sich allmählich, die Angst verschwand vollständig. Als das Gewitter vorüber war und die Sonne wieder aufging, verließ Niro seine Hütte und traf auf einen Mönch. Niro erzählte ihm von seiner Erfahrung und fragte: »Meister, war das eine göttliche Intervention?«. Der alte Mönch antwortete: »Mein Sohn, das war keine göttliche Intervention, sondern deine eigene Seele. Sie weiß: Der Atem ist ein mächtiges Werkzeug, um einen unruhigen Geist wieder zu beruhigen und zu fokussieren. Indem du dich auf ihn konzentrierst, bringst du deine Gedanken zur Ruhe.«

Niro erkannte, dass sein Atem nicht nur ein körperliches Phänomen war, sondern auch ein Werkzeug zur Verbindung mit dem inneren Selbst. Seit diesem Tag meditierte er regelmäßig und nutzte den Atem als Fokus. Er war der Schlüssel zu Gelassenheit und Weisheit. Die Worte des alten Mönchs blieben Niro für immer im Gedächtnis: »Atme tief und langsam, mein Sohn und finde den Frieden, der in dir liegt.«

Wahrheit und Täuschung

Ein Reisender besuchte ein buddhistisches Kloster und fragte den Abt: »Kannst du mir sagen, was Wahrheit ist?« Der Abt dachte einen Moment nach und antwortete: »Die Wahrheit ist wie ein Berg. Es gibt viele Wege, ihn zu besteigen, aber am Ende führen alle Pfade zur gleichen Spitze.« Der Reisende war beeindruckt von dieser Weisheit, bedankte sich und fragte weiter: »Und was ist Täuschung, ehrwürdiger Abt?« Der Weise lächelte und sagte: »Täuschung ist wie eine Schlucht. Sie sieht aus wie ein einfacher Weg, aber wenn man nicht vorsichtig ist, kann man leicht hineinfallen und verloren gehen.« Der Reisende nickte und fragte immer noch weiter: »Aber wie unterscheidet man die Wahrheit von der Täuschung?« Der Abt wusste auch hier eine Antwort: »Die Wahrheit ist auch wie das Licht. Es erhellt alles und lässt uns die Welt um uns herum klarsehen. Die Täuschung hingegen ist auch wie die Dunkelheit. Sie verschleiert die Dinge und lässt uns glauben, dass wir etwas sehen, was in Wirklichkeit nicht da ist.«

Der Reisende dankte dem Abt und machte sich auf den Weg. Seine Worte hallten noch lange in ihm nach. Er erkannte, dass Wahrheit und Täuschung oft eng miteinander verwoben sind und dass es manchmal schwierig ist, den Unterschied zu erkennen. Aber er wusste auch, dass, wenn er seinem Herzen folgte, er immer auf dem richtigen Weg sein würde.

Die Butterlampe

Dawa lebte in einem entlegenen Kloster und studierte mit Hingabe die buddhistischen Lehren. Eines Tages gab ihm sein Meister die Aufgabe, eine Butterlampe in einem dunklen Raum anzuzünden und sie bis zum Sonnenaufgang brennen zu lassen. Dawa fand diese Aufgabe nicht allzu schwer und er begann, die Butterlampe vorzubereiten und wollte sie anzünden. Doch egal wie sehr er es auch versuchte, er schaffte es nicht, die Lampe zu entzünden. Die Flamme wollte einfach nicht brennen. Frustriert und entmutigt saß Dawa vor der Lampe und fragte sich, was er falsch gemacht hatte. Plötzlich hörte er eine leise Stimme in seinem Kopf, die ihm sagte: »Sei geduldig. Wie eine Flamme braucht auch das Herz Zeit, um zu brennen und stark zu werden.«

Dawa erkannte den Sinn hinter den Worten und wusste, dass er sich zu sehr auf die äußere Form fixiert hatte, anstatt anzuerkennen, dass das Innere ebenso wichtig war. Er schloss die Augen und begann, sich auf sein Herz zu konzentrieren. Er spürte, wie seine Atmung langsamer und tiefer wurde und seine Gedanken zur Ruhe kamen. Plötzlich hörte er ein leises Zischen und spürte, wie die Flamme der Butterlampe zum Leben erwachte. Er lächelte und dankte dem Universum für die Lehre, die er soeben erfahren hatte.

Als sein Meister am nächsten Morgen den Raum betrat, war er überrascht, die Butterlampe brennen zu sehen. »Wie hast du das geschafft, Dawa?«, fragte er erstaunt. Dawa antwortete: »Ich habe gelernt, dass das Brennen einer Flamme nicht nur von der äußeren Form abhängt, sondern auch von der inneren Haltung. Wie das Herz Zeit und Geduld braucht, um stark zu werden, so braucht auch eine Flamme Zeit, um zu brennen und zu leuchten.« Sein Meister lächelte und sagte: »Du hast eine wichtige Lektion gelernt, mein Junge. Dein Herz ist wie eine Butterlampe. Wenn du es mit Geduld und Achtsamkeit pflegst, wird es strahlen und kann anderen Menschen Licht und Wärme spenden.«

Die Buddha-Statue

In einem abgelegenen Dorf stand einst eine wunderschöne, riesige Buddha-Statue. Jeden Tag kamen die Menschen aus der Umgebung, brachten Blumen, Früchte und andere Opfergaben und meditierten und beteten bei ihr. Die Statue strömte ein beeindruckendes Gefühl von Frieden und Ruhe aus.

Eines Tages entdeckten die Dorfbewohner einen Riss in der Statue. Sie waren zutiefst besorgt und riefen den örtlichen Handwerker, um den Schaden ausbessern zu lassen. Der Handwerker kam, untersuchte die Statue und sagte: »Ich kann den Riss zwar reparieren, aber er wird trotzdem sichtbar bleiben. Es wird niemals wieder perfekt sein.« Die Dorfbewohner waren enttäuscht, aber sie erkannten, dass der Wert der Statue nicht in ihrer äußeren Vollkommenheit lag, sondern in der spirituellen Bedeutung, die sie repräsentierte. Sie entschieden deshalb, die Statue so zu belassen, wie sie war und begannen, ihren Fokus darauf zu richten, was sie symbolisierte.

Eines Tages besuchte ein weiser Mönch das Dorf und sprach mit den Bewohnern. Er fragte sie, warum sie die Statue nicht reparieren ließen. Sie erklärten ihm ihre Überlegungen. Der Mönch nickte. »Ihr habt die wahre Bedeutung der Buddha-Statue verstanden. Sie ist ein Symbol für die Wahrheit, dass alles im Leben unvollständig ist. Nur wenn wir erkennen, dass alles im Wandel und vergänglich ist, können wir wahrhaftigen Frieden finden.« Die Dorfbewohner waren erstaunt und doch auch sehr dankbar, dass sie durch den Riss in der Statue eine wichtige Lektion gelernt hatten: Sie hatten verinnerlicht, dass es nicht auf das Äußere ankam, sondern auf das Innere und die Bedeutung, die sie selbst der Statue gaben. Ihre Verehrung für den Buddha wurde dadurch tiefer als je zuvor.

Über die buddhistische Gelassenheit

Es war einmal ein Frosch, der in einem kleinen Teich lebte. Eines Tages bemerkte er, dass das Gewässer allmählich austrocknete und das lebenswichtige Nass immer weniger wurde. Der Frosch begann sich zu sorgen und hüpfte aufgeregt im Kreis herum. Er fragte sich, was er tun könnte, um den Teich zu retten. Da kam ein weiser Mönch des Wegs, der sagte: »Mein lieber Frosch, mach dir keine Sorgen. Alles im Leben ist vergänglich, auch der Teich. Lass ihn los und akzeptiere, dass Veränderungen unausweichlich sind.« Der Frosch war entsetzt: »Aber wie kann ich denn meine Heimat aufgeben? Der Teich ist mein Zuhause!« Der Mönch antwortete: »Gelassenheit bedeutet nicht, dass du dein Zuhause verlässt, sondern dass du akzeptierst, dass alles im Leben vergänglich ist. Wenn der Teich verschwindet, wirst du einen neuen Ort finden, an dem du leben kannst. Vertraue dem Fluss des Lebens.«

Der Frosch beschloss, den Worten des Mönchs zu vertrauen und seine Weisheit anzunehmen. Er ließ seine Sorgen los und akzeptierte die Veränderungen im Leben. Eines Tages war der Teich tatsächlich ausgetrocknet, aber der Frosch war bereit. Er begann, nach einem neuen Zuhause zu suchen und fand schließlich einen anderen Teich, der viel größer und schöner war als der alte. Der Frosch dachte an den weisen Mönch zurück und erkannte, dass Gelassenheit der Schlüssel zu Glück und Zufriedenheit war. Er sprang ins Wasser und schwamm mit einem Lächeln auf den Lippen davon. In diesem Moment wusste er, dass er alles, was er brauchte, in sich trug und dass Veränderungen nur neue Chancen und Möglichkeiten brachten.

Die Pilgerreise

Jakob war auf der Suche nach einem Sinn im Leben und begab sich auf Pilgerreise, um Antworten auf die großen Fragen zu finden. Unterwegs traf er viele Menschen, die ihm ihr Leben erzählten und ihm ungefragt Ratschläge gaben, die ihn nur noch mehr verwirrten. Eines Tages begegnete ihm ein alter Mann, der ihm erklärte, dass jeder Mensch eine eigene Reise im Leben hat. »Es ist wie eine Pilgerreise«, sagte der alte Mann. »Jeder von uns muss lernen, seine eigenen Wege zu finden und seine eigenen Entscheidungen zu treffen.« Jakob nickte. »Aber wie soll ich meinen Weg finden?«, fragte er. »Es gibt keine richtige oder falsche Antwort«, sagte der alte Mann. »Aber ich kann dir eine Geschichte erzählen, die dir helfen wird: »Es war einmal ein Mann, der auf einem hohen Berg stand und von dort oben auf sein Leben blickte. Aus dieser Vogelperspektive heraus sah er drei Wege vor sich, die ihn zu seinem Ziel eines erfüllten Lebens führten. Der erste war kurz und einfach, der zweite war lang und schwierig, und der dritte war mittelmäßig und ausgewogen. Als er wieder herabgestiegen war, wählte der Mann den einfachsten Weg. Aber bald merkte er, dass er nicht das Ziel erreichte, das er sich vorgenommen hatte. Also wechselte er auf den mittleren Weg, aber auch hier merkte er bald, dass er nicht zielführend war, so wie er es sich vorstellte. Schließlich entschied er sich für den schwierigen, langen Weg und fand, dass dieser Weg das Ziel wert war. Und so, mein lieber Jakob, musst auch du deine eigene Reise machen und deine eigenen Wege finden. Aber denk daran, dass es sich lohnt, sich anzustrengen und Herausforderungen zu meistern, denn am Ende wirst du das Ziel erreichen, das du dir vorgenommen hast.«

Das Lebenslicht

Jadu war unterwegs zu einem buddhistischen Kloster, um sein Leben dem Pfad des Buddhas zu widmen. Auf seinem Weg dorthin begegnete er einem alten Meister, der ihm eine Kerze schenkte. »Diese Kerze ist ein Symbol für das Leben, Jadu. Sie kann dir helfen, deine innerste Wahrheit zu finden«, sagte der Mönch. Jadu nahm die Kerze dankbar an und setzte seine Reise fort. Als er im Kloster ankam, entzündete er die Kerze und meditierte darüber, was der alte Mönch gemeint hatte. Doch er konnte keine Antwort finden.

Eines Tages sprach ihn ein anderer Mönch darauf an: »Jadu, ich habe gehört, dass du eine Kerze von einem alten Mönch bekommen hast. Kann ich sie sehen?«. Jadu wies auf die brennende Kerze und der Mönch betrachtete sie eingehend. »Siehst du diese Flamme, Jadu? Sie symbolisiert dein Leben. Wie die Flamme der Kerze braucht auch unser Leben Aufmerksamkeit und Achtsamkeit, um hell und stark zu bleiben. Wenn wir uns von unseren Gedanken und Emotionen leiten lassen, kann die Flamme schnell erlöschen und unser Leben wird düster und leer. Doch wenn wir unsere Gedanken und Emotionen beherrschen und unser Bewusstsein auf das Wesentliche richten, wird unsere Flamme hell und stark bleiben. Wir werden in der Lage sein, unsere innerste Wahrheit zu finden und unser Leben mit Weisheit und Liebe zu erfüllen.« Die Worte des Mönchs berührten Jadu tief. Er wusste, dass das die Wahrheit war. Voller Dankbarkeit und Demut hütete er seine Kerze und erinnerte sich immer an ihre Bedeutung.

Mögen wir alle wie Jadu unsere Flamme des Lebens hell leuchten lassen und unsere innere Wahrheit finden.

Der Löffel und der Diamant

Es war einmal ein junger Mann, der zum ersten Mal in ein buddhistisches Kloster kam, um dort zu lernen. Der Abt des Klosters sah sein großes Potenzial, aber auch seine Herausforderung, denn der Mann war sehr ungeduldig. Eines Tages nahm der Abt ihn beiseite und gab ihm einen Löffel: »Mein lieber Freund, ich habe eine Aufgabe für dich. Ich möchte, dass du diesen großen Felsen vor dem Kloster jeden Tag mit dem Löffel aushöhlst.« Der junge Mann war schockiert und fragte: »Mit einem Löffel? Aber das wird ewig dauern!« »Genau«, sagte der Abt. »Aber das ist die Lektion, die ich dir beibringen möchte. Geduld ist eine der wichtigsten Tugenden im Buddhismus.« Widerwillig folgte der junge Mann dem Auftrag und ging jeden Tag zum Felsen, um ihn mit dem Löffel auszuhöhlen.

Nach einer Woche, als er noch keine sichtbaren Fortschritte gemacht hatte, beschwerte er sich beim Abt: »Ich habe den Felsen eine ganze Woche lang jeden Tag bearbeitet, aber ich sehe keinerlei Veränderung! Das ist doch sinnlos!« Der Abt lächelte und sagte: »Geduld, mein Freund. Geduld ist der Schlüssel. Wenn du weiterhin hart arbeitest, wirst du irgendwann die Früchte deiner Anstrengungen sehen.« Der junge Mann folgte widerwillig den Worten des Abtes und arbeitete weiterhin hart. Eines Tages, als er wieder unermüdlich am Felsen kratzte, spürte er, wie sein Löffel auf etwas anderes Hartes traf. Er grub weiter und entdeckte, dass er einen kleinen Diamanten gefunden hatte. Plötzlich stand der Abt hinter ihm und sagte: »Siehst du, Geduld wird belohnt. Du hast einen wertvollen Schatz gefunden, weil du hartnäckig und geduldig warst.«

Der faule Apfel

Einst lebte in einem kleinen Dorf ein junger Mann namens Gonpo, der von allen sehr geschätzt wurde. Er war jedoch nicht glücklich mit sich selbst, da er sich ständig mit anderen verglich und sich dadurch immer minderwertig fühlte. Eines Tages beschloss Gonpo, einen buddhistischen Mönch um Rat zu fragen.

Der antwortete ihm mit einer Frage: »Was ist das Wichtigste im Leben, Gonpo?« »Glücklich zu sein«, sagte Gonpo. Der Mönch nickte und fragte weiter: »Wie erreichst du Glück?« Gonpo antwortete: »Indem ich all das erreiche, was andere erreicht haben und besser bin als sie.« Der Mönch lächelte und sagte: »Das ist nicht der Weg, um wahrhaft glücklich zu sein.« Also erzählte der Mönch Gonpo eine Geschichte: »Ein Mann war hungrig und beschloss, einen Apfel zu essen. Er fand einen Apfelbaum, der voller Früchte war, aber er konnte den höchsten Apfel nicht erreichen. Und ausgerechnet den wollte er. Also begann er, auf den anderen Äpfeln herumzuspringen und sie von den Zweigen zu reißen, um so den höchsten Apfel zu ergattern. Schließlich gelang es ihm, die begehrte Frucht zu pflücken, doch dabei fiel er hin und verletzte sich. Zu allem Überfluss war der höchste Apfel auch noch verfault! Nicht nur er war ungenießbar, sondern mittlerweile auch all die anderen Äpfel, die direkt vor ihm lagen und auf denen er herumgesprungen war.« Der Mönch fuhr fort: »Genau wie der Mann, der unbedingt den höchsten Apfel ergattern wollte, versuchst du, das zu bekommen, was andere erreicht haben und verpasst dabei das Wichtigste: Dich! Lerne dich selbst zu lieben und das zu schätzen, was du bereits hast. Akzeptiere und liebe dich so wie du bist. Das ist dein Schlüssel.«

Der Garten

Ich war sehr stolz auf meinen schönen Garten. Er war besonders üppig und brachte die schönsten Blüten und Früchte hervor. Immer wieder blieben die Menschen am Zaun stehen, um ihn zu bewundern und zu fotografieren. Ich freute mich, dass ich so etwas Schönes zu bieten hatte und war geschmeichelt, dass er so viel Freude schenkte. Eines Tages stand ein Fremder vor dem Zaun und sprach mich an: »Wie hast du es geschafft, einen so wunderschönen Garten zu gestalten?«, fragte er. Stolz antwortete ich: »Ich habe diesen Garten mit meinen eigenen Händen geschaffen. Ich habe jeden Stein und jede Pflanze sorgfältig ausgewählt und platziert.« Der Fremde nickte beeindruckt und fuhr fort: »Aber sag mir, wer hat den Boden und die Samen geliefert, die du benutzt hast? Wer hat die Pflanzen so gesund in die Höhe wachsen und so üppige Früchte tragen lassen?« Da fiel es mir wie Schuppen von den Augen. Natürlich war der Garten nicht mein Werk allein. Demütig sah ich, dass ich ohne andere Kräfte, die Sonne und den Regen, jede Mikrobe im Boden und die Bienen in der Luft niemals so einen üppigen Garten hätte. Warum hatte ich mir das nur eingebildet? Wie konnte ich so überheblich sein? Das machte mich traurig.

Deshalb fragte ich meinen buddhistischen Meister danach, der mir folgenden Rat gab: »Konzentriere dich auf das Wesentliche und öffne dein Herz für andere. Lass los von deinem Ego und dem Bedürfnis, dich zu beweisen zu müssen und sei stattdessen demütig und mitfühlend.«

Der rauschende Bach und die Einsamkeit

Sam fühlte sich innerlich leer und einsam. Er beschloss, an einem Darshan teilzunehmen, bei dem man einem Weisen Fragen über das Leben stellen konnte. Mit vielen anderen wartete er geduldig, bis er an der Reihe war, seine Frage zu stellen. Als er schließlich dran war, pochte sein Herz laut, so wichtig war es ihm, eine Erkenntnis mit nach Hause zu nehmen. »Ehrwürdiger Meister«, sagte er. »Ich fühle mich so allein, obwohl ich so viele Freunde und Kollegen um mich herum habe. Was soll ich tun?«

Der Weise lächelte sanft und sagte: »Das ist eine gute Frage, die heutzutage viele von euch betrifft. Ich verstehe die Situation sehr gut. Ich möchte die Frage mit einer Geschichte beantworten: Ein Mann ging allein in den Wald, um nach Erleuchtung zu suchen. Auf seinem Weg hörte er das Geräusch eines Baches. Er folgte dem verlockenden Plätschern und fand einen wunderschönen kleinen Flusslauf. Er war so glücklich, dass er beschloss, in seiner Nähe zu bleiben, um seinem Rauschen zuzuhören. Aber«, endete der Weise die Erzählung, »seine Freude währte nicht lang: Schon bald wurde er unglücklich, weil er niemanden hatte, mit dem er das Geräusch des Baches und seine Freude darüber teilen konnte.« Sam verstand nicht ganz, was der Weise damit meinte, also fragte er: »Aber was bedeutet das für mich?« »Schau«, sagte der Meister, »du hast alles, was du brauchst, aber du suchst immer nach mehr. Du bist wie der Mann im Wald, der das Geräusch des Baches hört, aber sich nicht allein daran erfreuen kann. Lerne, deine Einsamkeit als Chance zu sehen, um dich selbst besser kennenzulernen und um deine Beziehung zuerst zu dir und dann zu den anderen zu vertiefen. Erkenne, dass das Glück, das du suchst, in dir selbst zu finden ist.«

Die einsame Bestie

Es war einmal ein kleiner Junge. Eines Tages erfuhr er von einem gefährlichen Tier, das in einem nahen Wald lebte. Jeden Tag hörte man sein schauderhaftes Brüllen. Eine Legende sagte, dass niemand lebendig aus dem Wald zurückkam, der das Tier je gesucht hatte. Deshalb wusste keiner, wie dieses Ungeheuer aussah. Niemand im Dorf traute sich noch in den Wald. Aber der Junge war neugierig und wollte dieses Tier unbedingt einmal sehen. Also beschloss er, heimlich in den Wald zu gehen, um es zu finden. Dort angekommen, hörte er plötzlich das laute Brüllen. Ein Schauer lief ihm über den Rücken. Sein Herz schlug schnell und er hatte Angst. Aber er erinnerte sich daran, was der Mönch im Unterricht gesagt hatte: dass man Mut haben muss, um seine Ängste zu überwinden. »Ich bin nicht allein«, flüsterte er sich Mut zu. »Der Buddha ist bei mir.« Mit diesem Gedanken ging er weiter, als plötzlich das Tier vor ihm stand. Es war riesig und wirkte bedrohlich, besonders wenn es brüllte. Aber der Junge zögerte nicht und ging direkt auf das Tier zu. Was war das? Es reagierte gar nicht aggressiv, ja, es schien sich sogar über die Gesellschaft zu freuen, als es fühlte, dass sein Besucher friedliche Absichten hatte. Der Junge öffnete sein Herz und wagte, dem Tier noch näherzukommen. Er nahm allen Mut zusammen, streichelte es und begann schließlich sogar mit ihm zu spielen. Der Junge war überglücklich und wusste, dass das Tier nicht gefährlich, sondern nur unendlich einsam war und deshalb seinen Kummer herausbrüllte. Jeden Tag spielten sie seitdem zusammen und wurden Freunde.

Das Tier musste nicht mehr vor Einsamkeit brüllen und die Dorfbewohner erschrecken und der Junge war stolz darauf, dass er seine Ängste überwunden und einen neuen Spielkameraden gefunden hatte. Denn: Mut bedeutet nicht, keine Angst zu haben, sondern seine eigenen Ängste zu akzeptieren und trotzdem weiterzumachen – am Ende könnten unerwartete Freundschaften daraus entstehen.

Die Lektion der Fliege

Der junge Mönch Kwan war einer der ehrgeizigsten Schüler des Klosters. Mit größter Ernsthaftigkeit lernte und befolgte er seine Lektionen und Übungen. Eines Tages summte eine Fliege um ihn herum, während er meditierte. Kwan wurde von der Fliege abgelenkt und versuchte, das störende Insekt wegzujagen. Aber egal wie sehr er versuchte, die Fliege zu vertreiben, sie kehrte immer wieder zurück und summte ihm ins Ohr oder kitzelte ihn, wenn sie sich auf ihm niederließ und herumkrabbelte.

Kwan fragte seinen Lehrer, Meister Chan, um Rat, denn es ärgerte ihn, dass es ihm einfach nicht gelingen wollte, unter dieser Ablenkung zu meditieren. »Was soll ich nur tun, um mich vor dieser Ablenkung zu schützen?«, fragte er. Der Meister antwortete: »Kwan, lass mich dir eine Geschichte erzählen: Einmal war ein Mann in einem Raum und versuchte, eine Fliege zu fangen. Aber je mehr er sie jagte, desto mehr störte die Fliege ihn. Schließlich gab der Mann auf und setzte sich hin, um zu meditieren. In diesem Moment landete die Fliege auf seiner Schulter und blieb dort still und ruhig sitzen, ohne ihn weiter zu stören.« »Was bedeutet das?«, fragte Kwan. Meister Chan lächelte und sagte: »Du hast versucht, die Fliege zu kontrollieren, aber das ist unmöglich. Du musst lernen, dich selbst zu kontrollieren und deine Reaktion auf die Fliege zu ändern. Wenn du aufhörst, gegen die Fliege zu kämpfen, wird sie dich nicht mehr stören. Und genauso ist es mit unseren Gedanken und Emotionen. Wenn wir lernen, sie zu akzeptieren, statt gegen sie zu kämpfen, werden wir inneren Frieden finden.«

Die Schönheit der Lotosblüte

Es war einmal ein junger Novize, der auf der Suche nach Erleuchtung war. Eines Tages wanderte er durch einen blühenden Garten und sah eine wunderschöne Lotosblüte, die sich am schlammigen Ufer eines Teiches in den Himmel reckte. Er war hingerissen und bewunderte ihre Schönheit und Reinheit. »Was nur«, murmelte er, »macht diese Blüte so besonders und so faszinierend?« Plötzlich hörte er eine Stimme hinter sich. »Junge, was siehst du in dieser Lotosblüte?«. Ein alter Mönch stand hinter ihm. »Ich sehe ihre Schönheit und Perfektion«, antwortete der junge Novize. Der Alte lächelte. »Die Lotosblüte ist ein Symbol für Erleuchtung«, sagte er. »Wie sie aus schlammigem Wasser wächst und dennoch so schön und rein ist, so kann auch der Geist aus der Dunkelheit des Leidens und der Unwissenheit erblühen und sich zu einem klaren und wunderschönen Verständnis entwickeln.« Beide schwiegen einen Augenblick und genossen den heiligen Anblick der Blüte. »Und wie kann ich dieses Verständnis erlangen?«, fragte der junge Mönch. »Indem du meditierst und deinen Geist von weltlichen Gedanken befreist«, antwortete der Weise. »Wie die Lotosblüte ihre Blätter öffnet und dem Sonnenlicht entgegenreckt, so musst du deinen Geist für die Wahrheit öffnen.«

Der Novize genoss noch ein wenig den Anblick und ließ die Worte des weisen Mönchs wirken, dann setzte er seine Reise fort. Aber er trug die Lehre der Lotosblüte in seinem Herzen und erinnerte sich immer gern an die Geschichte und an das Wissen um die Schönheit und Reinheit, die in jedem von uns erblühen kann, wenn wir unseren Geist von Illusionen und Verwirrung befreien.

Die wundersame Reisschale

Eines Tages bat der Meister den jungen Mönch Kanja, eine große Schale mit Reis zum nächsten Dorf zu bringen, um ihn an die Armen zu verteilen. Kanja nahm die Schale und machte sich auf den Weg. Unterwegs traf er eine hungrige Bettlerin, die ihn um etwas zu Essen bat. Obwohl der junge Mönch wusste, dass er die Nahrung den Armen im Dorf bringen sollte, konnte er das Leid dieser Frau nicht ignorieren. Also gab er ihr eine kleine Menge. Sie freute sich so sehr und war voller Dankbarkeit. Kanja verabschiedete sich herzlich von der Frau und zog glücklich weiter. Doch je näher er zum Dorf kam, umso besorgter wurde er: Er wusste, dass er nicht mehr genug Reis haben würde, um ihn unter allen Bedürftigen zu verteilen. Obwohl er der Frau von Herzen gegeben hatte, fühlte er sich schuldig. Er beschloss, sein Bestes zu geben und so viele Arme wie möglich mit dem Rest satt zu machen.

Auf dem Dorfplatz hatte sich schon eine kleine Menschenmenge versammelt, als Kanja dort ankam, denn die frohe Kunde von dem jungen Mönch, der etwas zu Essen bringt, hatte sich schnell unter den Bedürftigen herumgesprochen. Verzagt öffnete Kanja die Schale – und staunte: Sie war bis zum Rand gefüllt mit herrlich duftendem Reis – gerade so, als ob er nie etwas davon genommen hätte! Demütig erkannte er das Wunder und Dankbarkeit füllte sein Herz: Nun konnte er alle satt machen. Er verstand, dass Großzügigkeit und Mitgefühl immer belohnt werden, ganz so, wie es die Lehre Buddhas sagt.

Die Fackel in der Dunkelheit

Santosh war auf der Reise in ein entferntes Kloster, um von einem berühmten Meister zu lernen. Auf seiner Wanderung dorthin überraschte ihn in den Bergen plötzlich ein Unwetter und er verirrte sich. Erschöpft und desorientiert lief er umher und verlor schon alle Hoffnung, den Weg jemals wiederzufinden. Da begegnete ihm wie aus dem Nichts ein alter Mann. Santosh war zwar erleichtert, musste seiner Verzweiflung aber dennoch Luft machen: Er klagte dem Alten sein Leid und bat ihn um Hilfe, dass er seinen Weg zum Kloster wiederfände. Der alte Mann lächelte und sagte: »Mein Junge, Zuversicht ist der Schlüssel zum Erfolg. Wenn du fest an dein Ziel glaubst, wirst du deinen Weg finden.« Santosh hatte sich etwas anderes erhofft und sagte: »Wie kann ich Zuversicht haben, wenn ich den Weg nicht kenne?« Der alte Mann antwortete: »Schließe deine Augen und denke an das Kloster, spüre die Energie und die Liebe, die dich dorthin ziehen. Wenn dein Glaube stark genug ist, wird sich der Weg vor dir offenbaren.« Santosh war skeptisch, aber er wollte es ausprobieren. Er schloss die Augen und meditierte über das Kloster. Er konzentrierte sich auf seine Atmung und visualisierte das Ziel vor sich. Plötzlich hörte er eine Stimme: »Öffne deine Augen, mein Sohn.« Als er seine Augen öffnete, sah er den Pfad, der direkt zum Kloster führte. Santosh war berührt. Er dankte dem alten Mann und eilte los.

Auf dem Weg zum Kloster dachte er an die Lektion, die er gelernt hatte. Er erkannte, dass Zuversicht und Glaube mächtige Werkzeuge sind, um Hindernisse zu überwinden. Als er schließlich im Kloster ankam, erzählte er seinem Meister direkt die Geschichte, die ihn so beeindruckt hatte. Der Meister lächelte und sagte: »Ja, mein Sohn, die Zuversicht ist wie eine Fackel in der Dunkelheit. Wenn du sie hältst, wird sie dir immer den Weg weisen.«

Die andere Schnecke

Die Schnecke Kira war anders als die anderen Schnecken im Wald. Sie hatte eine ungewöhnliche Farbe und Musterung auf ihrem Schneckenhaus und auch ihre Bewegung unterschied sie: Sie war nicht schnell, kroch aber auf eine so elegante Art und Weise ihres Weges, dass sie die Aufmerksamkeit anderer Tiere im Wald auf sich zog. Eines Tages spotteten zwei ihrer Schwestern über Kira: »Warum bewegst du dich so seltsam und warum ist dein Haus so anders als bei allen anderen unserer Art? Du bist nicht wie wir, du bist nicht normal.« Kira hörte aufmerksam zu und antwortete: »Jeder von uns ist einmalig und anders. Mein Häuschen und meine Art der Fortbewegung unterscheiden sich von den anderen, und genau das macht mich einzigartig und besonders. Ich bin stolz darauf, wer ich bin.« Die beiden Schnecken lachten und spotteten weiter: »Aber du bist langsam und du kannst nicht einmal mit uns mithalten.« »Ja«, entgegnete Kira, »ich bin langsam, aber ich genieße jeden Moment meiner Reise und die Schönheit um mich herum. Ich verliere mich nicht im Wettbewerb mit anderen Schnecken. Ich konzentriere mich darauf, meinen eigenen Weg zu gehen und meine eigene Schönheit zu entfalten.« Damit drehte sie sich um und kroch weiter ihres eigenen Weges.

Einige Tage später begegnete Kira einer Schildkröte, die langsam durch den Wald ging. Die Schildkröte sah Kira an und sagte: »Du bist anders als die anderen Schnecken. Deine Bewegungen sind langsam und elegant und dein Schneckenhaus ist wunderschön und einzigartig.« Kira lächelte und antwortete: »Ja, ich bin anders, aber das macht mich einmalig und besonders.« Die Schildkröte antwortete: »Wir sind alle einzigartig und anders, aber manchmal vergessen wir das. Wir versuchen, wie andere zu sein und verlieren uns in der Konkurrenz. Aber du erinnerst uns daran, dass wir alle wunderschöne Unikate sind. Danke, dass du du selbst bist.« Kira lächelte und fuhr fort, ihren eigenen Weg zu gehen, stolz darauf, wer sie war.

Liebevolle Grenzen

Es war einmal ein kleiner Elefant namens Dharma, der lebte in einem friedlichen Wald. Eines Tages ging Dharma spazieren und traf einen Hasen namens Samsara. Samsara war ein egoistischer Hase und wollte immer alles haben, was er sah. »Hey, Dharma, ich sehe, dass du eine Menge Gras hast. Kannst du mir etwas davon geben?«, fragte er. »Oh ja, natürlich, ich teile gerne«, antwortete Dharma. Also gab Dharma dem Hasen einen Teil seines Grases.

Ein paar Tage später traf Dharma Samsara wieder im Wald. »Hey, Dharma, ich brauche mehr Gras. Kannst du mir noch etwas geben?«, fragte dieser. Doch Dharma fühlte sich unwohl bei der Forderung und wusste, dass er ihm nicht mehr geben wollte. Aber er wusste auch, dass er liebevolle Grenzen setzen musste, sonst würde Samsara nie aufhören, ihn zu bedrängen. »Ich entschuldige mich, Samsara, aber ich möchte nicht mehr teilen. Ich brauche das Gras für mich und meine Familie«, antwortete Dharma. Der Hase wurde wütend und begann zu schreien: »Du bist ein schlechter Freund! Du hast mir bereits Gras gegeben, warum willst du es nicht noch einmal tun?« Dharma blieb ruhig und sagte: »Ich bin immer noch dein Freund, aber ich muss auch auf mich und meine Familie aufpassen. Ich hoffe, du kannst das verstehen. Du hast eigene Fähigkeiten, herrliches Gras zu finden und musst nicht auf meins zurückgreifen, nur weil es für dich bequem ist. Vielleicht findest du selbst sogar noch viel saftigeres Gras für dich!«

Samsara war zuerst wütend, aber dann erkannte er, dass Dharma recht hatte. Er entschuldigte sich bei ihm und sie wurden wieder Freunde. Dharma lernte, dass es wichtig ist, Grenzen zu setzen und für sich selbst und seine Lieben zu sorgen.

Das Strahlen der Sterne

Ein Mann betrachtete jede Nacht sehnsuchtsvoll die Sterne. »Wie konnte es sein«, fragte er sich immer, wenn er sie wieder bewunderte, »dass die Sterne so hell strahlten, obwohl sie so weit entfernt waren?« Vielleicht wusste der buddhistische Weise eine Antwort? »Meister«, fragte er, »wie können die Sterne so hell und strahlend sein, obwohl sie so weit entfernt sind?« Der Mönch antwortete: »Mein Sohn, die Sterne sind wie unsere Gedanken. Wenn unsere Gedanken klar und rein sind, strahlen sie wie Sterne am Himmel.« »Aber wie können wir unsere Gedanken klären und reinigen?«, fragte er.

Der Mönch erzählte ihm daraufhin eine Geschichte: »Ein Mann hatte einen Garten, in dem eine giftige Pflanze wucherte. Er beschloss, das Giftkraut zu entfernen, um Platz für schöne Blumen zu schaffen. Er grub es aus und warf es auf den Kompost und pflanzte schöne Blumen. Doch am nächsten Tag wuchs die Giftpflanze erneut. Der Mann entfernte sie wieder und warf sie erneut auf den Kompost. Aber: Am nächsten Tag war sie wieder da. Der Mann ließ nicht locker und jätete pausenlos den Garten, bis seine schönen Blumen groß genug waren und schließlich die Giftpflanze überwucherten, indem sie ihr kein Fleckchen Beet mehr übrig ließen.«

Der Mann verstand: »Meister, ich werde meine Gedanken klären und reinigen, damit sie wie wunderschöne Blumen stärker werden und erblühen, sodass Düsteres keinen Raum mehr hat. Dann strahlen auch sie hell wie die Sterne am Himmel.« Der Mönch lächelte zufrieden und sagte: »Du hast den Weg bereits gefunden, mein Sohn."

Die Katze und der Buddha

In einem buddhistischen Tempel lebte eine schwarze Katze namens Suki. Jeden Abend schlief sie auf der Buddha-Statue auf der Veranda des Tempels. Die Statue war groß und mächtig und Suki fühlte sich immer sicher und geborgen auf ihr. Eines Nachts erwachte Suki plötzlich aus ihrem Schlaf und sah sich um. Sie spürte, dass etwas anders war als sonst. Als sie in das Gesicht der Statue blickte, bemerkte sie, dass sich ihre Augen bewegten. Suki erschrak und sprang von der Statue herunter. Die Augen des Buddhas folgten Sukis Bewegungen. »Fürchte dich nicht, kleine Katze«, sagte der Buddha. »Ich bin hier, um dich zu beschützen.« Suki war erstaunt. »Du kannst sprechen?«, fragte sie. »Ja, ich kann sprechen«, antwortete der Buddha. »Aber nicht viele können mich hören. Du bist auserwählt.« »Auserwählt? Ich? Aber ich bin nur eine gewöhnliche Katze!«, sagte Suki verwirrt. »Du bist etwas Besonderes, weil du den Mut hast, dich auf mich zu legen und auf mir zu schlafen«, erklärte der Buddha. »Dein Vertrauen in mich ist stark genug, um dich mit mir zu verbinden.« Suki fühlte sich geschmeichelt. »Aber was ist mit den anderen Tieren hier im Tempel? Warum bin ich anders?« »Jedes Wesen hat seine eigene Einzigartigkeit«, antwortete der Buddha. »Aber nicht alle haben die Fähigkeit, Vertrauen und Hingabe zu zeigen. Du bist ein Beispiel dafür, dass jeder eine spirituelle Verbindung zu etwas Höherem finden kann, wenn er bereit ist, sich darauf einzulassen.« Suki war tief bewegt von den Worten des Buddha.

Von diesem Tag an verbrachte sie jeden Abend auf der Statue, mit einem noch größeren Vertrauen und einer noch tieferen Hingabe.

Entdecke deine Kraft

Ich erinnere mich an eine buddhistische Erzählung, die ich gehört habe, als ich mich selbst sehr ohnmächtig und hilflos fühlte. Es war eine Geschichte über einen Mann, der sich in einer schwierigen Lage befand. Er wurde von seinem Nachbarn zu Unrecht beschuldigt, ihm etwas gestohlen zu haben. Es war ihm bisher nicht möglich gewesen, seine Unschuld zu beweisen. Das belastete ihn sehr. Eines Tages kam ein Weiser in die Stadt, den er um Hilfe bat. Der Mann erklärte ihm, dass er sich sehr machtlos und hilflos fühle und dass er das Gefühl habe, dass er niemals aus dieser Situation herauskommen würde. »Ich habe eine Lösung für dein Problem«, sagte der Weise. »Wenn du bereit bist, tu genau das, was ich dir sage.«

Der Mann war bereit, alles zu tun, um seine Machtlosigkeit zu überwinden, und so fuhr der Weise fort: »Ich möchte, dass du in den Wald gehst, einen großen Stein findest und ihn auf deinen Schultern zurück in die Stadt trägst.« Der Mann fragte sich, wie diese Aufgabe ihm wohl helfen würde, seine Machtlosigkeit zu überwinden. War der Brocken auf dem Rücken doch eher ein weiteres Symbol von Ohnmacht. »Wenn du den Stein auf deinen Schultern trägst«, erklärte der Weise, »wirst du merken, dass du viel stärker bist, als du denkst. Du wirst deine eigene Kraft erkennen und wissen, dass du in der Lage bist, Dinge zu tun, von denen du nie gedacht hast, dass du dazu fähig bist.«

Das überzeugte den Mann und er ging in den Wald und fand einen riesigen Stein. Er hob ihn auf seine Schultern und trug ihn zurück in die Stadt. Obwohl es schwierig und anstrengend war, fand er tatsächlich seine eigene Kraft und brachte den Brocken auf seinen Schultern in die Stadt. Zu seinem Nachbarn sagte er: »Ich habe gelernt, dass ich mehr Kraft in mir trage, als ich dachte. Ich werde es auch schaffen, meine Unschuld zu beweisen.«

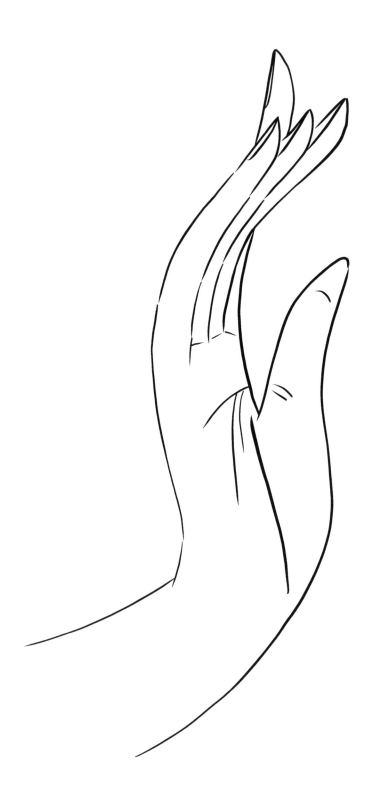

KONTAKT

Unser Anspruch ist es, das Leben unserer Leser mit schönen Büchern zu bereichern und damit viel Freude zu schenken. Wir wissen jedoch auch, dass wir mit den Inhalten unserer Werke nicht jeden Menschen zu 100 Prozent glücklich machen können. Solltest du mit dem Inhalt oder z. B. Druck dieses Buches nicht zufrieden sein, schreib uns bitte per E-Mail an: **info@sellberg.de**

Wir freuen uns über deine Post mit konstruktiver Kritik und Anregungen, aber auch Rezensionen und mehr. Besonders freut es uns, wenn du auf der Produktseite dieses Buchs bei amazon.de & Co eine Bewertung abgibst.

Herzlichen Dank und viel Freude beim Lesen!
Dein Sellberg-Team

Printed in Poland
by Amazon Fulfillment
Poland Sp. z o.o., Wrocław
17 August 2023

3dc99581-6705-42bf-879b-1d7fdd651933R01